北方民族大学文库

“宁夏回族自治区电子商务产业人才培训基地

基于供应与存货质押联合契约的服装供应链协调机制

A Coordination Mechanism Based on Joint Contract of Supply and Inventory Financing for Apparel Supply

殷丽娜 ◎著

经济管理出版社
ECONOMY & MANAGEMENT PUBLISHING HOUSE

图书在版编目（CIP）数据

基于供应与存货质押联合契约的服装供应链协调机制 / 殷丽娜著. —北京：经济管理出版社，2017.6
ISBN 978-7-5096-5113-1

Ⅰ. ①基… Ⅱ. ①殷… Ⅲ. ①服装企业—供应链管理—研究—中国 Ⅳ. ①F426.86

中国版本图书馆 CIP 数据核字（2017）第 095539 号

组稿编辑：杨国强
责任编辑：杨国强　张瑞军
责任印制：司东翔
责任校对：董杉珊

出版发行：经济管理出版社
（北京市海淀区北蜂窝 8 号中雅大厦 A 座 11 层　100038）
网　　址：www. E-mp. com. cn
电　　话：(010) 51915602
印　　刷：北京玺诚印务有限公司
经　　销：新华书店
开　　本：720mm × 1000mm/16
印　　张：10.75
字　　数：151 千字
版　　次：2017 年 7 月第 1 版　2017 年 7 月第 1 次印刷
书　　号：ISBN 978-7-5096-5113-1
定　　价：48.00 元

前言

服装是社会生活的必需消费品，同时也是典型的时尚类消费品。随着社会经济的发展，服装产品市场的发展日趋多样和复杂，服装供应链上的企业只有通过彼此之间的协调管理，才能最大限度地降低成本、整合资源，共同实现利润最大化。然而服装供应链上的企业多为中小企业，资金约束制约了企业甚至是整个供应链的有效协调。

近年来，供应契约协调策略在纺织服装业得到了广泛的重视，国内外学者对其开展了大量的研究和实践。供应链金融，作为解决供应链上企业资金约束问题的有效机制也备受关注。本书的研究以资金约束的服装供应链的协调管理为目标，建立可行的能同时解决供应链运营和融资问题的契约模型，实现了资金约束的服装供应链的协调管理。

本书的研究成果主要包括：

（1）建立了存货质押契约模型。本书从博弈论的视角重新审视和分析了存货质押融资业务中各参与方之间的博弈过程及收益，在此基础上以资金约束供应链的协调运作为目的，采用契约的形式描述各参与方之间的风险和收益关系，建立了存货质押契约模型。

（2）提出了服装链上中小企业融资方式的选择方法。

（3）建立了资金约束供应链的供应与存货质押联合契约模型。本书建立了基于供应与存货质押联合契约的协调模型，以实现扩展的服装供应链系统的协调。通过联合契约的应用，实现银行、第三方物流企业与原服装供应链上企业多方共赢的局面，提高了整个供应链系统的绩效。

(4) 构建了基于供应与存货质押联合契约的服装供应链协调机制。本书构建了基于联合契约的服装供应链协调机制，分别从链上的物流、资金流和信息流三个方面分析联合契约机制对资金约束服装供应链协调管理的意义。

本书是笔者在博士学位论文的基础上修改、充实而成的。从选题、结构安排、写作直至最后定稿，导师徐琪教授都给予了悉心的指导。走出东华大学的校门已三年有余，如今自己也走上三尺讲台，回头再整理论文，才真正体会到导师的心血与睿智，学生谨向徐老师再次致以真诚的谢意！

本书的出版得到了北方民族大学校级重点科研项目的经费资助，商学院院长杨保军教授给予笔者毫无保留的鼓励与热心扶持，经济管理出版社在本书出版过程中付出了热切的关注和努力，在此一并郑重致谢。

特别感谢我的家人。多年在外求学，双亲和家姐的关爱始终伴随着我，只能以点滴的成熟与进步，作为微薄回报；感谢丈夫邸世杰、女儿邸泽殷，长路相随，所有的支持和鼓励，所有的欢欣和期盼，将永伴我心。

由于才学所限，本书还存在相当多的疏漏与遗憾，这是对寄厚望于我的师友和亲人们的愧疚，唯愿这份愧疚能在今后的工作和研究中，以加倍努力而补偿。

殷丽娜

2017 年 3 月

目录

第一章 绪论

纺织服装业是我国国民经济中的传统支柱产业和重要的民生产业，也是国际竞争优势明显的产业，在繁荣市场、扩大出口、吸纳就业、增加收入等方面发挥着重要作用。随着社会经济的不断发展和科学技术的不断进步，全球经济一体化进程正在加快，服装企业在世界范围的大市场形成过程中同样面临着诸如产品周期越来越短、客户个性化需求不断增长、环保意识不断加强等前所未有的压力和挑战。我国作为世界上最大的纺织服装消费国和出口国，随着社会经济的发展变化，无论是内需还是出口，纺织服装的需求与供应间的差异比任何时候都显著。我国纺织服装企业以中小型企业为主，资金约束日渐成为制约服装业发展的主要瓶颈。此外，由于服装业产品具有很强的时间性和时尚性，并日益表现出个性化、小批量、多品种的特点，为了在新的经济环境下求得生存与发展，纺织服装供应链更需要协调的管理运作。基于供应与存货质押联合契约的服装供应链协调机制的研究为我国服装企业解决“产品积压”和“融资困难”等典型问题提供了理论及方法的支持。

第一节　问题的提出

纺织服装业依存度很高，从纤维原材料的生产、供应到服装设计、加工制造、分销、外贸、零售等环节环环相扣，缺一不可。因此，实施供应链管理已成为现代纺织服装企业的共识。一些国际著名的纺织服装主导企业已在供应链管理实践中实现了获取最大商业利益所需资源和能力的最优配置。但是，我国纺织服装业在全球纺织服装生产链上仍处在低端位置，并且长期存在过于依赖密集型生产模式、产品附加值低、库存积压严重、产品交货期长、难以满足客户对服装产品个性化及时尚性的要求等问题。传统的供应链管理手段和协调机制在服装企业新的生产经营模式下反映出了它的局限性，主要表现在以下几个方面。

一、供应链系统协调问题

服装产品是一种典型的时尚类产品，产品生命周期短且具有很强的季节性，顾客对于服装产品的需求不仅仅局限于季节和质量，更多关注产品的个性化和时尚性，产品供给的时效性是提高顾客满意度的关键。我国服装类企业众多，包括从原材料提供到服装产品销售各个环节，但大多各自为政，仅关注自身产量和短期收益，忽略供应链上企业之间的协作和服装供应链系统的整体效益。对于服装供应链系统协调的相关研究也相对较少。

二、资金约束问题

服装供应链上的节点企业多为中小型企业，在实际生产运营过程中多由于资金不足问题而无法实现既定生产或采购计划，因此而影响了企业自身甚至是整个供应链系统的利润。而且，中小企业大多固定资产有限，资信水平较低，无法通过贷款获得融资，因此资金约束是制约服装供应链和链上企业发展的主要瓶颈。

近年来，各金融机构不断推出各类金融业务以解决不同企业的融资需求，根据服装产品和服装供应链的特点，存货质押融资成为一种较为理想的解决方案。

三、信息共享与集成问题

由于服装供应链上节点企业多为中小企业，信息化建设水平有限，信息获取困难且流通不畅，阻碍了服装供应链的信息共享。同时，服装供应链通常涉及企业众多，特别是随着产品种类和样式的多样化，越来越多的装饰材料被应用到服装产品中，导致了其他行业的企业也有可能加入服装供应链，使得供应链的结构变得越发复杂，并且各企业应用不同的信息标准，信息集成也变得越发困难。因此，链上信息的集成和共享是制约服装供应链协调管理的又一瓶颈问题。

四、供应链绩效问题

服装供应链上所有企业的利润均通过最终产品的销售实现，只有通过有效的供应链协调方式满足服装产品的市场需求，改善整个供应链系统的绩效才能够实现链上各节点企业的利润。然而，由于服装供应链结构复杂，彼此之间的合作竞争关系不够稳固，因此需要通过设计合适的激励和协调机制来改善整个供应链系统的绩效。

第二节　研究的目的和意义

本书结合国家自然科学基金项目“纺织服装供应链广义快速响应机制、模型及应用策略研究”（项目编号：70772073），以资金约束的服装供应链的系统协调为研究目标，以博弈论、供应链协调和供应契约理论为基本依据，以金融机构新业态——供应链金融为依托，提出、构造了基于供应和存货质押联合契约的服装供应链协调管理的思想及方法。研究针对不断变化的市场需求和服装短周期产品的特点，将服装供应链契约激励及物流与资金流的集成运作整合到供应链协调管理的理论和方法的框架中，从而在理论上进一步深化供应链协调管理的理念，探讨供应链物流金融协调管理的方法和更适用于服装供应链的多阶段联合契约；在实践上为解决我国服装企业面临的“库存积压”“融资难”等典型问题，提供切实可行的指导策略，这对于解决我国纺织服装企业面临的迫切需要解决的问题具有重要的理论研究意义和实际应用价值。

第三节　国内外研究现状

供应链协调一直是供应链管理相关研究的热点问题，早期的研究大多集中在合作伙伴选择、供应链绩效评价、参与方博弈激励等物流与信息流的协调问题，近年来才逐渐有学者将供应链中的资金流协调问题纳入研究范围，衍生出了“供应链金融”的概念。徐琪教授主持的国家自然科学基金“纺织服装供应链广义快速响应机制、模型和运作策略”中进行了供应链物流金融的集成化协同管理的研究。目前，对其管理思想、服务方式等已经展开了比较深入的研究。

通过对近年来相关文献的收集整理发现，目前关于供应链协调特别是短生命周期产品（如服装）供应链协调方面的研究主要集中在供应链管理模式、供应链体系方法建模、供应链系统模拟与仿真等方面。对于与供应链运作及资金协调方面的研究则比较薄弱（见表 1-1），本书从三个方面来具体分析相关领域的研究现状。

表 1-1　研究相关论文收录情况

单位：篇

关键词	服装供应链	供应链协调	供应链金融/存货质押融资
篇数	53	903	57
关键词	存货质押契约	联合契约	存货质押和联合契约
篇数	3	289	1

资料来源：社会科学引文索引 SSCI；收录日期为截至 2013 年 1 月；检索日期为 2013 年 1 月 20 日。

一、关于服装供应链的研究现状

近年来，供应链管理在许多行业实施和应用，在纺织服装业也得到广泛的重视。国内外学术界和企业界对其开展了大量的研究和实践。2004 年，欧盟委员会资助了名为“纺织生产和供应链”的研究计划，其目的是构建一个能适应需求变化的高级时装供应链，能够将全球各地的纺纱、织布、染色、加工和成衣制造等相关企业都纳入进来，在整个供应链上合作实施业务流程再造。Cao Ning 描述了三种不同结构的纺织服装供应链的基本运作方式。Rhonda 提出利用第三方企业作为协调因素的纺织服装供应链结构。Pietro 提出在纺织服装供应链中运用供应链策略改善质量管理的方法。Margaret 等探讨纺织服装供应链敏捷运作的解决方案。

在国内，针对中国服装业供应链管理现状，北京大学联泰供应链研究与发展中心对中国服装业供应链现状进行了调研，从生产周期、信息系统应用、企业协作、市场预测、研发设计、物流策略等方面取样，分析我国服装供应链目前的问题并提出了对策建议。顾庆良教授针对纺织产品市场挑战与机遇共存的新情况，提出纺织服装业供应链管理创新方法，并基于供应链动力学法则分析纺织服装供应链的运作规律。李创等探讨了纺织服装供应链的采购模型及库存预测与优化模型，建立纺织服装业销售、物流、采购等网络化经营的理论模型。张彤和王渊从分析服装供应链的特点入手，阐述服装供应链中由于高度劳动专业分工造成显著的长鞭效应（也称“牛鞭效应”），运用方差分析讨论了服装供应链中的长鞭效应。徐琪教授分别应用 Multi-Agent 集成框架、XML 技术及基于 RFID 的智能分析决策技术解决了服装供应链上的异构数据集成和信息共享等问题，从而缩短订单响应时间，实现了纺织服装供应链的快速响应。周建亨等引入产品时尚指数的概念建立了服装供应链风险规避系数模型，并在其后的研究中分析了策略型消费者的理性行为对服装供应链运营及定价决策的影响。

综上所述，国内外关于服装供应链管理研究实践的视角和出发点各不相同，无论是从优化供应链结构、运作方式和业务流程的优化方面，从动态定价、库存优化、风险预警等角度进行的探索，还是对于信息技术的应用尝试，其目的都是通过各种方式改进服装供应链对市场的响应速度，协调服装供应链上企业的合作关系，优化供应链运营效率，提升服装供应链的整体竞争力，提高链上各节点企业的利润。同时也必须看到，目前关于服装供应链的研究大多基于理论层面，而对其实施方案却很少有深入系统的研究。此外，研究大多针对服装供应链某个具体环节或技术方面存在的问题进行分析，缺乏对服装供应链的整体思考。

二、基于供应契约的供应链协调机制研究现状

供应链是由不同利益主体构成的合作型系统，需要建立合理、有效的协调机制使得各利益主体在实现个体绩效最优的同时实现系统整体绩效的最优。近年来，供应链系统协调的研究受到了多学科学者的关注，他们从不同的视角研究了生产/销售渠道的契约和系统纵向控制等协调方式。供应契约是

其中最主流的研究方向，本书的研究也主要围绕基于供应契约协调机制展开。具体来说，围绕供应契约可将供应链协调机制的研究归纳为以下几个方面。

（一）基于供应契约激励的供应链协调理论与方法研究

这类研究主要是对影响订购策略和订购批量的方法进行探讨，其主要协调手段与方法是供应契约。通过适当的契约设计，激励在供应链分散决策模式下调整收益的分配以获取在集中决策模式下原本可以获取的系统最大收益。已提出的供应链协调、激励方法和策略包括数量折扣策略、回购策略、弹性数量策略、快速响应策略、收益共享策略、期权策略以及联合广告促销策略等。由于产品特征、契约双方利润分配的博弈能力、价格变动等因素的影响，各类供应契约的设计也不相同。

Pasternack 最早研究了一类需求期很短商品的回购契约。

Taylor、Haward 和 Mantrala 等指出，回购契约机制可以鼓励零售商增加产品的订货数量，达到整个供应链利益的改善，但不同回购价格对制造商本身的收益有影响。

Kandel 和 Lariviere 基于单周期报刊供应商模型确定了最优定价和返还策略。

Donohue 对具有多次生产机会的时尚品回购策略进行了研究，其中允许零售商每个时期在获得更新了的需求信息之后再进行一次订货，以适应市场需求的波动。

Padmanabhan 和 Png 就多零售商情形下回购策略与竞争之间的关联进行了讨论。

Bellantuono 等研究了收入共享和提前预订联合的契约，以解决多产品、多零售商竞争下的供应链协调问题。

Wang 等研究了带有收益共享的委托契约对渠道绩效的影响，指出整个渠道和单个公司的绩效严格依赖于需求价格弹性和零售商的成本分担。

Giannoccaro 和 Pont Randolfo 研究了随机需求下具有固定零售价格的三阶段供应链协调的收益共享契约，分析了契约参数的变化对供应链成员利益分配的影响。

Shauhan 和 Proth 提出了基于收益共享的供应商—零售商伙伴关系模型，分析了收益共享下作为不同风险承担者的供应链成员利润情况。

李丽萍等研究了零售商具有风险厌恶决策偏好的两阶段供应链的收益共享契约问题。

Cachon 和 Lariviere 考虑未售出产品的残值收益，研究了用批发价格和共享系数两个参数描述的收益共享契约。

刘斌等针对一类短生命周期产品单周期两阶段的销售问题，研究了有价格差异的联合契约来实现供应链系统的协调。

丁利军等考虑生产和销售提前期长、销售季节短的季节性商品供应链，通过分析退货契约和滞销补贴契约的适用条件，设计了有效的退货契约和滞销补贴契约。

徐琪设计了一类回购与价格弹性联合契约以解决价格与需求相关情形下的供应链协调问题。

简惠云等针对生产提前期长且具有信息更新需求的供应链协调问题设计了一种回购与批发价格联合契约。

Tsay 和 Cachon 研究了供应契约在销售价格不变的情况下实现供应链的协调问题。

Khouja 研究单周期下订购量和价格折扣与售价的供应链的协调。

Bassok 和 Anupindi 分析了最小购买量契约。

Eppen 研究了允许购买者购买超过它的初始预测量的后备协议。

Tsay 考察了结合购买方承诺购买不少于预订量的一定百分比的货物和供应商确保供应超过欲购量一定比例的货物的合同。

Cachon 等讨论了单供应商—单销售商系统下最优期权契约和批发价契约的渠道协调问题，分析假设了供应商的成本是公共信息，而需求量是销售商的私人信息。

Sethi 等分析了各阶段需求信息更新的多阶段批量柔性契约，给出在需求实现和预测信息更新期间的最优期权量的订货模型。

郭小云等提出了一个两阶段的收益共享契约以解决由单个制造商和单

个零售商所组成的两层供应链的订货协调问题。

毕功兵等引入公平偏好概念，扩展了销售回扣契约。

综上所述，在传统供应契约的基础上根据实践需求假以不同的条件（如信息更新、价格差异、公平偏好等）衍生出不同的情形进行研究，或针对单一契约的制约因素设计联合契约扩展供应链协调研究，是目前关于供应契约协调理论的主要研究方向。

（二）各类协调控制策略下的供应契约协调理论与方法研究

1. 基于成本控制的供应契约研究

早期的供应链管理研究集中在这一领域并取得了丰硕成果。这类研究主要体现为在需求确定的情形下以下游企业的采购批量为决策变量，以控制库存、运输、配送成本等物流成本（包括生产成本、订购成本等）为主要目标的协调问题，以及以供应链流程（实物流程、信息流程等）或流程间运作成本最小化为目标的供应链集成问题。采用的优化工具主要是数学规划方法及其他优化方法，以及相应的求解算法。相关的协调方法研究主要集中在无限时间长度环境，这一环境下的主要特征是供应链运作周期长，产品的需求稳定，下游企业重复补货。JIT 策略是其重要成果。关于经济订货批量（EOQ）的研究是这类研究的基础。

Monahan 考察了单产品连续供应链中的订购问题，发现供应商以批对批（Lot-for-Lot）方式订购，建立了成本最小化的数量折扣定价模型。在前者的前提基础上通过补充有限生产率假设，Banerjee 建立了联合经济批量（JELS）模型以实现渠道成本的最小化。Goyal 取消了批对批订购的假设，研究供应商的最优订购批量是采购商的整倍数。Lee 和 Rosenblatt 建立了单一供应商与零售商供应链中数量折扣方案与订货数量之间的对应模型及算法，在库存持有成本和订货成本已知的基础上据此调整折扣方案以使得零售商给出适当的订货批量。针对单供应商多采购商或多供应商单采购商等情形，Anupindi 和 Akella、Kohli 和 Park 以及 HS Lau 和 AH Lau 进行了拓展性的研究并给出了相应的成本最小化的最优订购模型。Christoph 等应用层次规划理论研究了供应商与制造商两个层次之间在需求确定情形下的成本最小化模型。张翠华等在此基础上探讨了惩罚系数在协调运作机制中的作用。李丽君等针对信息不对称对供应链上节点企业的成本控制造成的影响建立了相应的数量折扣协调机制。

2. 基于快速反应策略的供应契约研究

快速反应策略是缓解零售商和供应商之间订货周期矛盾的有效协调策略，对于提高服务水平，提供合理的批发价格及科学的订货量，提高双方利润有重大意义。

Gilstrap 等研究开发了一个快速响应系统中制造商关系模型，并通过模型分析提出制造商主动采取快速响应策略将会改善企业收入绩效的观点。Barnes-Schuster 在基于响应时间的供应链契约模型研究方面，研究了采购商以供应商交货提前期作为决策变量的两阶段供应契约模型的优化问题。Iyer 和 Bergen 分别在服务水平承诺、批发价格承诺和批量承诺的情况下讨论了快速响应系统的帕累托改进问题。汪建等详细地分析了快速响应的各个有机核心组成部分，提出供应链流程再造和物流网络集成的快速反应战略。李益强、徐国华等在研究供货规则的基础上，建立了一类基于 QR 策略的产品的配送决策模型。Lodree 研究两阶段供应链系统中可变提前期和不确定需求下最小化客户响应时间模型。Kincade 以服装类型、季节和价格作为变量，定量研究两阶段合作型服装供应链的快速响应系统的效果。徐琪教授应用 XML 数据共享、Multi-Agent 及 RFID 等信息处理技术，分别研究了纺织服装供应链的快速响应机制、模型及订货策略。

基于快速反应策略的供应契约协调机制的相关研究主要针对短生命周期产品供应链，着眼于压缩供应链响应周期，通过模型优化、信息技术应用等手段提高供应链上各节点企业的响应速度，从而实现供应链整体效能的提升，以更好地应对市场变化。

3. 基于库存控制的供应契约研究

Moinzadeh 研究了一个由单一供应商多个零售商组成的供应链系统，顾客需求是泊松过程，供应商可以获得零售商的实时库存信息。Waller 采用模拟方法比较了具有多种结构的零售供应链的 VMI 系统。Disney 采用系统动力学方法比较了传统方法、内部整合，以及 VMI 对供应链运输行为的影响，研究表明 VMI 可以降低短期和长期的运输成本。杨根科等从销售代理的角度，研究了供应链的最小成本制造规划问题，给出了综合考虑产品制造、营销成本的单位周期规划数学模型。李鑫、陈安等将供应链中的生产与分销系统看作一个树状结构的系统，其中生产部分以组装为基本运作形式，而分销则以分散化为主要运作特征。他们应用整数规划模型给出了在库存规模一定的约束下，多个库存缓冲区的分配方法。王瑛、孙林岩提出了采用合作需求预测确定订购临界点，并建立了由供应网络、核心企业、分销网络组成的多级库存系统优化模型，通过确定最佳订购批量，有效地控制库存量。柳键研究了时变需求环境下基于模型推导而得到供需双方基本库存水平局部优化与整体优化决策方程，并对基本库存水平整体优化的成本绩效以及需求时变性的影响进行数据分析。Zimmer 和 Dong 引入了 JIT 思想，研究在准时采购基础上供应链的协同生产和供应问题。李翀等基于供应链网络库存状态的内部系统动力学机制提出了新的基于库存波动状态的动态供应链库存控制策略。郑长征等将第三方物流 TPL 引入 VMI 系统中，构建了确定需求下的 VMI-TPL 供应链集成库存模型。

通过对相关文献的整理分析可知，基于库存控制的研究无论是在研究内容还是研究方法上都非常广泛。针对不同的供应链环境设计不同的库存控制策略及其评价是这类研究的重点，常见的研究方法有模型优化、计量经济及仿真建模等。但由于供应链库存控制涉及的因素动态、复杂，因此理论模型构建通常假设条件过多，求解难度大，其实践操作性有待进一步提高。

（三）特定条件下的供应契约协调理论与方法研究

1. 需求预测、补货及动态定价条件下的供应契约研究

周威、金以慧关于多厂供应链生产计划的协调问题，提出了一种基于增广 Lagrangian 松弛算法的内部价格协调优化策略，利用增广 Lagrangian 松弛算法将工厂之间的耦合约束松弛，通过协调中心对产品内部价格的迭代更新，实现整个供应链生产计划的协调优化。Lee 等提出了集采购、生

产、库存和销售于一体的供应链单阶段模型，并对生产和分配的集成系统做了战略分析。Russell 等分析面辅料供应商生产、加工、印染等纵向一体化的供应链集成，研究了纱线等原料在销售季节快速补货等柔性生产运作策略。柳键等考虑时间对价格和需求量的影响，利用博弈理论对供应链的供需关系及其订货与定价决策作定量研究。杨文胜等构建了时间敏感需求下交货期定价模型，并对模型的最优性进行分析。李建立、刘丽文提出了数量协调与时间协调的两种基于价格折扣的供应链协调策略。Kevin Weng 运用多属性决策方法研究了供应链协调的优化定价决策和生产订货决策。Bhattacharjee 和 Rames 提出了解决多周期的定价问题的有效搜索的启发式算法。Thomas 研究了制造商如何通过差别化定价和对下游商家的利润返还来优化整条供应链的效益。Zhao 和 Wang 将制造商的定价问题放到供应链环境下考虑，提出了在分散式供应链环境下，制造商如何制定价格调整计划，以促使分销商做出对其有利的价格和订购量决策。Donohue 研究了在两次生产和订货模式下退货价格和两次订货价格的供应链契约，实现供应链双方的协调和帕累托最优。

关于需求预测、补货及定价策略的供应链协调研究多与契约协调机制结合使用，用于增强供应链系统针对性、优化供应契约协调效率。

2. 需求信息不对称条件下的供应契约协调研究

随着对供应链协调问题研究的深入，越来越多的学者对实践中的信息不对称问题进行了讨论，并取得了一些成果，相关的研究主要集中在信息甄别模型。

Corbett 团队分别于 2000 年、2001 年和 2004 年针对成本信息不对称时的库存策略、数量折扣策略以及契约涉及问题进行了研究。A. H. Lau 和 H. S. Lau 讨论了市场需求信息不对称时的供应链库存策略。索寒生、金以慧研究了下游零售商具有成本私有信息时上游供应商的最优回购契约。Lutze 考察了采购方服务水平信息不对称时的交货期承诺契约。赵泉午等对单个供应商和多个零售商构成的易逝品两级供应链建立了基于数量折扣策略且能最大化供应商期望利润的信息甄别模型。李丽君等考察了在供应商的质量预防投入成本和销售商的质量评价投入成本均为不可观测信息的情况下，供应商和销售商都可能会发生签约后道德风险的问题。卢亚丽对比研究了非特定随机产品需求与信息不对称条件下各种价格折扣契约的协调效率。

需求信息不对称是供应契约协调模型在供应链系统运营实践中遇到的最大瓶颈，如何建立行之有效的信息甄别模型，克服不对称信息对理论模型的影响，提高供应链系统的协调效率，也是供应契约协调机制相关研究需要解决的重大问题。

三、关于供应链金融及存货质押融资方式的研究现状

供应链金融（Supply Chain Financing，SCF），是指在供应链业务活动中，运用金融工具使物流产生价值增值的融资活动。

Timme 指出，供应链金融旨在实现供应链的目标，同时考虑物流、信息流、资金流、进程及供应链上的参与主体，其中金融服务或物流服务供应商并不是真正的供应链成员，而仅是为供应链成员提供服务。Hofmann 丰富了供应链金融的概念和功能，在研究各组成要素的行为特点的基础上分析探索了供应链金融的协作特点。Kerr 讨论了贸易融资和信用融资相结合的供应链资金管理方式，Gustin 分析了供应链金融随着全球贸易和电子商务的发展而出现的新的发展趋势。胡跃飞等从供应链金融业务发展的实体经济背景入手界定了供应链金融的理论内涵与外延。

表 1-2 国内部分银行的供应链金融业务

银行名称	业务名称	产品
中国工商银行	中小企业融资	供应链融资、钢贸通、车辆通、油贸通
中国建设银行	中小企业融资	购船抵押贷款、成长之路
中国银行	中小企业融资	沃尔玛供应链、黄金宝
交通银行	蕴通供应链	与物流公司、保险公司共同搭建质押监管平台提供综合性金融服务方案
招商银行	点金成长计划	经营之道（包括国内采购、汽车销售、项目城建等金融特色产品）

续表

银行名称	业务名称	产品
深圳发展银行	贸易融资	进口全程货权质押授信、动产质押融资、未来提货权融资、未来货权质押开证
广东发展银行	贷款业务	包括动产质押贷款、品牌质押贷款、法人账户透支、买方信贷、卖方信贷
北京银行	供应链融资	包括商票保贴、国内保理、回购型保理、买断型保理、买方信贷、票易票、保兑仓、质押贷款
上海银行	中小企业成长金规划	商易通（包括动产质押融资、应收账款融资、票据融资等）、小巨人

随着供应链协调理论研究的深入，已经有很多学者开始关注运营管理和金融服务之间的协调问题以及金融和运营交叉领域的研究。Buzacott 和 Zhang 分析了市场不确定条件下资金约束企业中运营管理和融资管理之间的相互联系。Ding 等从风险管理角度考虑了运营决策和资金决策的相互作用和影响。陈祥锋、朱道立等研究了由单一供应商和单一零售商组成的供应链中金融、运营的综合决策问题及其影响。

供应链金融按融资模式可以分为两大类：一类是基于债权控制的融资，如应收账款融资；另一类是基于货权控制的融资，最具代表性的就是存货质押融资。存货质押融资是为了解决中小企业融资难的问题而提出的一种基于动产质押的供应链金融解决方案，近年来以复旦大学朱道立教授团队和西安交通大学冯耕中教授团队为代表的专家针对这一融资方式做了很多研究。具体来说，包括如下几个方面。

（一）关于银行存货质押融资业务的研究

涂川等分析了物流企业参与下的存货质押融资的优点和运作模式，提出物流企业与金融机构共同建立信用整合模式的解决方案，以期提高质押融资业务的运作效率。李毅学等系统比较了国内外存货质押融资的异同，分析了该业务的演化过程；后来又从银企关系、仓储方式和质押流动性等角度分析了存货质押融资业务的机理，确定了该业务现阶段的基本特征并提出了相关对策。

关于存货质押融资的研究主要将存货质押融资视为供应链融资的一项业务之一，围绕存货质押融资的定位与发展现状、组织形式与运作模式、业务开展必要性与操作措施等方面展开，单独对存货质押融资和管理策略的研究还比较少。

（二）关于存货质押融资业务中委托代理关系的研究

Panos Kouvelis 等考虑了资金约束的零售商面临随机市场需求，而供应商为领导者的 Stackelberg 博弈的情形。彭志忠等用委托代理理论分析了物流金融的信任机制问题。李娟等用完全信息动态博弈模型分别分析了存货质押融资业务中银行与物流企业及物流企业与中小企业之间的博弈关系，着重分析了单阶段情况下委托代理模式的最优化问题；她还通过引入阶段贷款的方法，分别讨论了有重新谈判和无重新谈判时阶段贷款的最优解和次优解。王文辉分析了分散决策条件下利率和贷款限额对企业期望收益的影响，得出最优信贷合约设计，并给出了消除信息不对称的必要条件。何娟等讨论建立了防范物流企业与借款企业合谋前提下银行契约设计的三阶段博弈模型。

由于存货质押业务涉及银行、物流企业和供应链上的融资企业三方，任何一方的决策都会影响到各方利益的均衡，因此采用运筹和优化方法、博弈论等手段，通过设计恰当的博弈模型和契约形式增加和平衡各方利润，是这类研究的重点。

（三）关于存货质押融资贷款质押率的研究

李毅学等综合考虑了外生的企业违约概率、质押存货的价格波动率等因素的影响，为银行提供了在保持风险容忍水平一致的情况下确定特定存货质押融资业务的相应贷款价值比率的基本模型，在此基础上，他们还针对价格随机波动的存货，研究了银行在期末价格服从不同数学分布时的质押率决策。于萍等在抵押物价格风险和流动性风险已知的情况下，以信贷市场结构作为约束条件，建立了最优质物甄别合同，求解出使信贷人期望利率收益最大化的合同利率和贷款价值比。李毅学等针对季节性存货质押融资业务，建模分析了融资约束下风险中性借款企业的订购决策和风险规避银行的质押率决策。易雪辉等研究了零售商利用采购合同进行抵押融资的情况下，供应链上游企业的定价决策对银行抵押贷款中的贷款价值比的影响。马清波从融资企业的角度分析了需求随机波动情况下融资企业的存货质押决策。

质押率是存货质押融资中最重要的决策变量。关于质押率的研究也是这类研究的重中之重，但分析已有文献可知，此类研究大多只从银行角度进行信贷机制的探讨分析，也有少部分研究从融资企业出发进行库存决策的控制分析，很少有从供应链系统整体角度进行考虑。

（四）关于存货质押融资其他相关问题的研究

许多学者针对实际应用，进行了很多其他相关方面的研究，如：朱文贵、朱道立等研究了在供应商允许零售商采用延迟支付方式的条件下，第三方物流企业向零售商提供存货质押融资服务的定价模型和方法。张媛媛等讨论了存在道德风险的情况下，利用存货质押方式融资的企业的库存管理决策问题。李梦等研究了存货质押融资业务中企业违约后银行清算质押存货的最优清算策略。常伟等提出了一种通过度量存货质押融资业务的流动性风险大小来判断质押物的流通属性优劣的方法。韩钢等研究了存货质押融资业务中的流动性风险，提出了一种最优变现时间模型以及变现策略。马中华等主要考虑银行增大融资利率及企业投资风险大的项目时物流企业的决策问题。易雪辉等分别对供应链上节点企业的产品订购决策和批发价格决策以及银行等金融机构的信贷决策进行了分析。

这类研究考虑了供应链环境下存货质押融资模式的产品订购决策、库存决策及清算或变现策略等问题，但大多仍局限于单个企业如何实现个体利润最大化，从供应链整体角度进行决策分析的还很少，即未考虑开展存货质押融资业务的供应链的协调问题。

通过上述分析我们可以得知，国内外学者关于供应链协调管理策略从不同的视角开展了很多有益的研究，取得了大量重要的研究成果，具有重要的学术价值。但是，由于服装产品需求变化快，时尚性、个性化强等特点，其供应链管理非常复杂，因而已有的研究还存在一定的局限性。具体表现在：

首先，对于服装这种市场和销售价格都在随时变化的产品，传统的单一供应契约很难实现供应链系统的协调，而已有的两类契约结合的研究又缺乏针对性，特别是对服装产品不同时尚周期过程的随机需求的情形，如何联合相关的供应契约在成本与收益之间进行权衡，以实现系统利润最大化，并且各成员收益均增加的完美协调策略的研究还比较少。

其次，已有的供应链协调管理研究均是基于企业自有资金充足的前提，并未考虑资金约束对供应链协调的制约和影响，而关于供应链中资金流的协调，以及当金融机构加入供应链运作中对供应链利润分配和风险分担产生的影响，特别是针对服装业的物流与资金流集成协调运作的研究还很缺乏。因此，随着客户需求的不断变化、纺织服装产品生命周期的持续缩短，以及全球金融危机对纺织服装业的影响，本书研究服装供应链各环节协调运作的理论和方法，为我国的纺织服装业的现代管理提供切实可行的依据和指导，具有很大的研究意义。

第四节　研究内容和组织结构

一、研究内容

本书结合供应链协调管理理念，在综合国内外研究的基础上，结合服装供应链实践，建立资金约束情形下服装供应链的供应与存货质押联合契约模型，解决服装供应链的运营和融资决策问题，并据此建立契约协调机制进行了运行风险控制的分析。最后给出了本书的结论和进一步的工作展望。具体内容包括以下部分。

（1）随着供应链管理理论的日趋完善，资金约束问题日渐突出，特别是对于服装这类以中小企业为主要成员的供应链而言，资金缺口已然成为制约供应链发展和相关研究的瓶颈。因此，本书从服装供应链管理存在的问题以及现有的融资方式出发，分析国内外研究现状，给出全书的研究内容和组织结构，指出了本书研究的创新之处。

（2）分析了供应契约这一协调机制的协调机理，给出了用于短生命周期产品供应链协调的几种常见的供应契约的定量模型，并针对服装供应链的具体实践分别研究了集中和分散两种决策模式下供应链上各节点企业及整个系统的绩效。在此基础上将数量柔性的概念引入回购契约中，建立回购与数量柔性联合的供应契约，并验证了该模型对于供应链协调的有效性。

（3）从供应链管理的角度分析了存货质押融资这一金融业务中各参与方之间的动态合作竞争的博弈关系和各自的收益。依据各参与方在供应链运行中的合作关系，将多方博弈划分为两个层次：第一层次为资金约束的供应链与其他企业之间的动态博弈；第二层次分为链上的服装生产商与零售商以及银行与第三方物流企业两个子博弈，并求得了各层次博弈的均衡解。

（4）针对服装供应链的特殊性，对于出现资金缺口的链上企业进行了融资方式意愿选择的分析，通过结构方程模型分析确定了服装供应链最优融资方式——存货质押融资。借鉴供应契约的协调方式，在研究内容（3）的基础上将银行与第三方物流企业纳入供应链系统对其进行扩展，建立了扩展服装供应链的存货质押契约模型用于解决服装供应链的资金约束问题。

（5）为解决更为现实的资金约束服装供应链的系统协调问题，结合上述研究所建立的数理模型，建立了服装供应链的供应与存货质押联合契约模型，并验证了其对于解决供应链资金约束问题和改善供应链系统绩效的有效性。进而在联合契约模型的基础上构建基于联合契约模型的服装供应链协调机制，并对其信用风险进行了分析，提出了一些风险控制建议。

二、全书组织结构

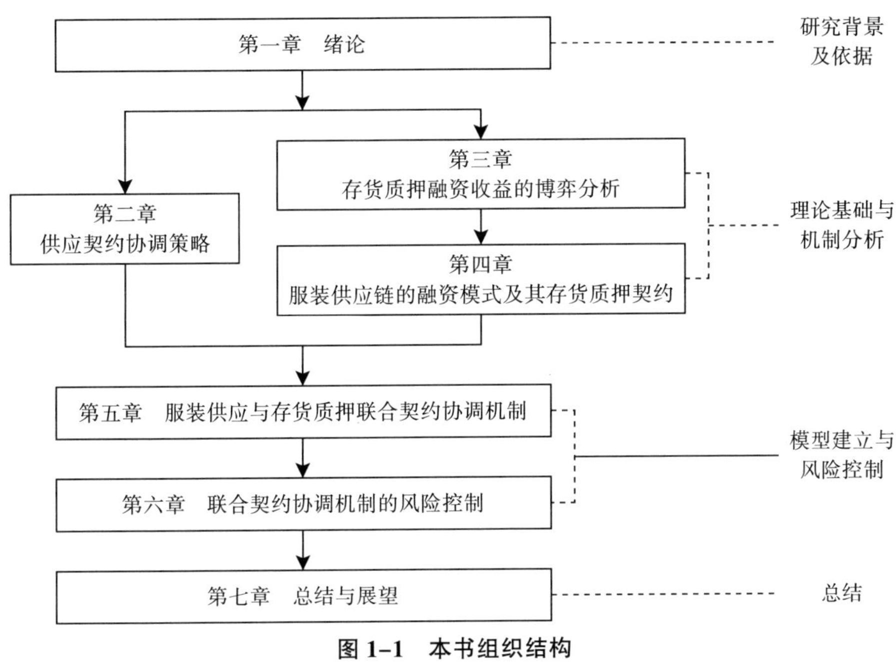

图 1-1　本书组织结构

第五节　创新之处

（1）在分析各类供应契约的基础上，建立了服装供应链的回购与数量柔性联合契约，对供应链契约协调理论进行了拓展。

（2）以博弈论视角对金融机构现有的存货质押融资业务中各参与方的收益进行分析，并借鉴供应契约的形式，以供应链的协调管理为目的，建立了存货质押契约模型，明确采用存货质押融资方式的供应链在其运行过程中各参与方的成本与收益关系。

（3）将银行与第三方物流企业作为节点企业纳入服装供应链对其进行扩展，建立了供应与存货质押联合契约模型，以解决资金约束供应链的协调问题。并以此契约模型为基础，构建服装供应链的联合契约协调机制，解决资金约束服装供应链的系统协调问题。

本章小结

库存积压和资金约束是服装供应链面临的最大问题。已有的供应链协调机制和相关研究均基于企业自有资金充足假设的前提，与服装供应链实务存在很大差异。国内外很多金融机构虽然已开始了供应链金融业务的尝试，但现有业务实践和相关研究均基于金融机构的利润出发，无法实现供应链绩效的改善。为解决以上问题，本书建立了资金约束服装供应链的供应与存货质押联合契约协调机制，力求在解决供应链资金缺口问题的基础上实现供应链系统的协调，达到银行、第三方物流企业和服装供应链上企业多方共赢的局面。

本章首先在分析服装供应链运行问题的基础上阐明了本书研究的目的和意义；其次分别对服装供应链、供应链协调理论和供应链金融三个方面的国内外研究现状进行了回顾分析；最后在此基础上确定研究内容和组织结构指明了本书的创新之处，是本书的纲领。

第二章　供应契约协调策略

第一节　供应契约协调机制

一、供应链协调基本理论

所谓供应链，是指围绕核心企业，通过对信息流、物流、资金流的控制，从采购原材料开始，制成中间产品以及最终产品，最后由销售网络把产品送到消费者手中的将供应商、制造商、零售商，直到最终用户连成一个整体的功能网络结构模式，是以资源外用为特征的集成企业网络。

供应链管理是通过前馈的信息流和反馈的物流及信息流，将链上节点企业直至最终用户连成一个整体而进行管理的模式。通过这种模式，能够有效地计划、组织、协调与控制供应链中的物流、信息流、资金流、价值流以及工作流，建立链上企业及客户间的战略合作伙伴关系，减少内耗与浪费，有效配置供应链资源，实现供应链整体效率和效益的最优化。供应链管理的目的是协调和控制供应链成员间的物流、信息流和资金流，从而降低成本，提高利润和服务水平，使整个供应链获得的利益大于各成员企业单独获得的利益之和。

供应链协调是通过供应链中无缝的信息传递，减少因信息失真而导致的过量生产、过量库存等现象发生的可能性，从而使得供应链能够及时、准确地响应市场需求的变化。在具体研究中，可以将供应链协调理解为分散决策的供应链达到集中决策供应链同样的绩效，如果供应链中各节点企业均为风险中性的，则分散决策的供应链的期望利润等于集中决策供应链期望利润时供应链实现协调；如果供应链中各节点企业不是全部为风险中性的，则分散决策的供应链中各节点企业均达到帕雷托最优时供应链实现协调。

供应链协调是实现供应链整体效益最大化的必要条件，根据协调模型的理论基础可将常见的供应链协调模型分为两类：第一类是基于运筹学的协调模型，如确定性需求下的经济订货批量模型（EOQ）和不确定需求下的报童（Newsboy）模型；第二类是基于博弈论的协调模型，如完全信息下的静态博弈及 Nash 均衡、动态博弈及 Stackelberg 均衡，还有不完全信息下的委托代理机制等。

要实现整个供应链系统的协调运作，除了建立一定的协调机制外，还需要选择能够实现各节点企业间协调运作的方案或渠道，这些方案或渠道被称为供应链协调方式。实践中最为常见的供应链协调方式主要有如下几种。

（一）有效分配库存

在供应链运行过程中出现产品供不应求的情况时，面对多个分销商，制造商有限的生产能力及库存应如何分配，是选择这类协调方式需要解决的问题。常见的供应商分配机制有确定性、随机性、均匀、按比例、线性分配及按历史销售业绩分配等。

（二）采用数量柔性

通常零售商都会根据市场需求预测信息，提前向供应商提交下一周期的订货量，这种形式过分依赖于需求预测的准确程度。选择数量柔性这种“序列”型协调方式，具有较强的动态性和灵活性，更有利于供求双方对市场的实时掌握。数量柔性协调方式包括动态检查、利润/风险分担、激励和清算机制等内容。

（三）缩短提前期

提前期是指在供应链的供需环节中，需要上游供应商提前准备产品的时间包括准备时间、排队时间、运输时间、等待时间等。一般供应链中的提前期，由采购提前期、制造提前期、发运提前期和交货提前期构成。在供应链管理中，提前期是一个十分重要的基础数据。缩短提前期，提高交货期准时性，是保证供应链获得柔性和敏捷性以及削弱“牛鞭效应”的关键。

（四）缔结契约

契约是供应链协调的重要手段。链上企业可以通过缔结契约分担风险，有效激励各节点企业，从而达到改善供应链绩效的目的。本书研究的主要内容，是建立有效的多方契约，实现供应链各节点企业之间的协调运作。

二、供应契约协调

所谓供应链契约（Supply Chain Contract），是指通过提供合适的信息和激励措施，保证买卖双方协调，优化销售渠道绩效的有关条款。在供应链运行过程中，卖方（供应商）依据预先达成共识的契约在一定数量、质量、价格、送达时间、采购时间、信用、付款等条件下向买方（经销商）提供商品或服务，而买方根据契约的规定（包括契约的激励和惩罚因素）向卖方支付一定数量的报酬、商品或服务，因此，传统意义上的供应链契约也被称为供应契约。

供应契约是一种常见的供应链协调机制的具体实施方式。采用供应契约协调机制是要通过合理的契约设计，减少合作双方的机会主义行为，促进企业合作，有效完成订单交付，降低供应链成本，提高客户满意度和链上各节点企业及供应链系统整体绩效。供应契约能够保障链上企业之间的合作关系，实现供应链系统的有效和协调运作，其主要作用如下：

（一）降低“牛鞭效应”对供应链各节点企业的影响

企业通常都会致力于实现自身利益的最大化，当需求信息在供应链中逐级放大时，便导致了“牛鞭效应”。由于供应契约同时具有灵活性和相对稳定的特点，基于供应契约，链上企业可通过相互协作将原来的局部优化行为转为追求整体利益的最大化，从而降低“牛鞭效应”对供应链系统及各节点企业的影响。

（二）消除“双重边际效应”

当各节点企业追求自身利益最大化时，供应链的整体利润不可避免地会受到损害，这就产生了所谓“双重边际效应”。供应契约是要建立相应的协调机制，使分散决策下供应链的整体利润与集中决策下供应链系统的利润尽可能相等或找到帕累托最优解，使得每一节点企业的利润都不低于原来的利润。因此，采用供应契约能够克服由于双重边际化所导致的供应链效率低及渠道利润减少等问题，实现供应链系统的协调。

（三）稳固链上企业的合作关系

供应链上各节点企业彼此之间仅是动态的合作关系，供应契约可以保证各企业的权利和义务，这样即使在信任缺失的情况下，也可以保障各节点企业之间的信息共享和紧密合作。供应链的合作关系会带来新的利润，供应契约模型讨论了利润在供应链的各个节点企业之间的分配方案。采用供应契约是要实现利益共享和风险共担，使整个供应链达到帕累托最优，提高供应链的总体收益，从而稳固各节点企业之间的长期合作伙伴关系。

为描述供应契约的协调原理，不失一般性，考虑仅含上游供应商和下游零售商两个节点企业的简单供应链系统。在该供应链系统中，市场需求是外部随机变量，批发价格是供应商的决策变量，订货量和零售价格为零售商的决策变量。零售商根据需求预测向供应商订购一定数量的产品，供应商依据零售商的订货请求以某一单位成本组织生产并以某一批发单价向零售商供货。

比较理想的情况是集中决策，即整个供应链系统只有一个决策者，则在信息完全的情况下该决策者就能够使得整个供应链系统的期望利润最大化，假设得到的最大期望利润为 π_L。然而更现实的情形是分散决策，即供应链上各节点企业均具有决策权，各企业在制定决策时仅考虑自身利润最大化，但由于处于供应链上的各节点企业并不是孤立存在的，某一企业的最优决策不仅仅取决于决策企业自身的参数，同时也依赖于其上下游相关企业的决策，因此，供应链上各节点企业之间是一种博弈关系，据此得到供应链系统的均衡解 π_d。由于“双重边际效应”的存在，π_d 通常都会小于 π_L，实践中可通过引入协调契约来克服“双重边际效应”对系统效用的影响，提高供应链系统的协调性。引入的供应契约力求能够使得分散决策系统的均衡解大于或等于集中决策中的最优解，即使达不到完美协调，也一定存在帕累托最优解，至少能够保证供应链各方的期望利润不小于无契约情形。

如果从零售商利润最大化的角度制定的最优订货量等于由供应商提供的契约中从整个供应链系统利润最大化角度所决定的最优订货量，则称该供应契约能够实现供应链系统的协调。如果该供应契约在分配供应链利润的同时并不大幅增加管理成本，则该供应链契约便是实现供应链系统协调的理想选择。

第二节　供应契约模型

一、基本假设

在关于供应契约的研究中，为简化计算通常都会选择由单个供应商和单个零售商组成的两阶供应链，如图 2-1 所示。由于本书研究对象是服装供应链，产品具有明显的季节性特征，订货周期比较长，供应链协调的主要任务是要在提高供应链整体利润的前提下解决服装生产商（供应商）与零售商之间的利润分配问题，因此在本书研究中也沿用这一基本模型。此外，根据研究问题的需要补充如下假设：

（1）零售价格为外生变量，即不由零售商决定。

（2）产品需求为一非负的随机变量。

（3）需求分布、销售价格等信息对称，即在供应链中信息完全共享。

（4）供应商和零售商都是完全理性的，即供需双方会根据期望利润最大化原则进行决策。

（5）供需双方均为风险中性的，也就是说供应链系统协调的条件为分散决策的供应链达到集中决策供应链同样的绩效。

（6）不考虑零售商的库存成本、缺货损失、销售成本及各项管理成本。

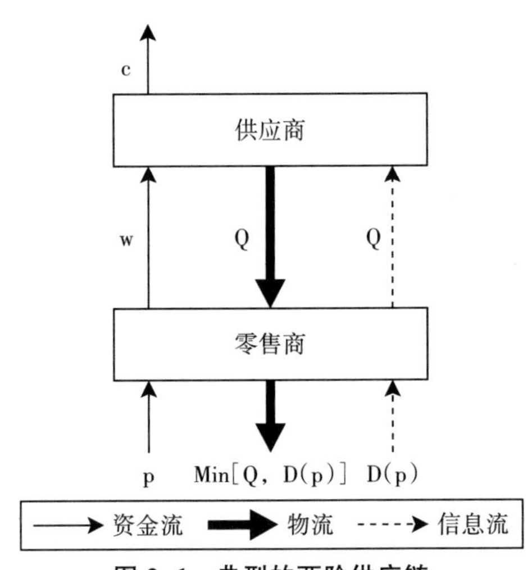

图 2-1　典型的两阶供应链

依据上述假设，供应商能够获得决策所需的所有信息，建立供应契约模型；零售商根据供应商建立的契约模型确定最优订货量，从而达到供应链协调的目的。

供应契约模型的基本参数如下：

D(x)：产品的市场需求，x 是一个非负的、连续的随机变量，与产品零售价格无关；

f(x)：市场需求 x 的概率密度函数；

F(x)：市场需求 x 的分布函数，连续、可微、单调递增，且 $F(0)=0$；

μ：产品市场需求 D 的均值，$\mu = \int_0^{\infty} xf(x)dx$；

p：单位产品的零售价格；

c：单位产品的生产成本；

w：单位产品的批发价格；

Q：零售商的产品订购量；

S(Q)：零售商的销售量；

$\pi_R(\cdot)$：零售商期望利润；

$\pi_M(\cdot)$：供应商（制造商）的期望利润；

$\pi(\cdot)$：供应链系统的期望利润。

二、基本契约模型

在销售季节到来之前，供应商根据历史数据和市场预测，估计市场需求量，安排生产，向零售商供货；零售商则根据自身利润最大化的原则决定最优订购量。因此，供应契约协调的决策过程为，首先由供应商确定批发价格 w，零售商在此前提下选择订货量 Q。根据上述假设不难得到：

零售商的销售量为：

$$S(Q)=\begin{cases}x & x<Q\\ Q & x\geqslant Q\end{cases} \tag{2-1}$$

因此，产品的期望销售量可表示为：

$$E(S(Q))=\int_0^Q xf(x)dx+\int_Q^{+\infty}Qf(x)dx=\int_0^Q xf(x)dx+\int_0^{+\infty}Qf(x)dx-\int_0^Q Qf(x)dx=\int_0^{+\infty}Qf(x)dx-\int_0^Q(Q-x)f(x)dx=Q-\int_0^Q F(x)dx \tag{2-2}$$

零售商的期望利润为：

$$\pi_R(Q)=pE(S(Q))-wQ=p\left(Q-\int_0^Q F(x)dx\right)-wQ=(p-w)Q-p\int_0^Q F(x)dx \tag{2-3}$$

供应商的期望利润为：

$$\pi_M(Q)=(w-c)Q \tag{2-4}$$

供应链系统的期望利润为：

$$\pi(Q)=\pi_R(Q)+\pi_M(Q)=pE(S(Q))-cQ=p\left(Q-\int_0^Q F(x)dx\right)-cQ$$

$$=(p-c)Q-p\int_0^Q F(x)dx \tag{2-5}$$

（一）集中决策

首先考虑集中决策的情形，根据 Leibniz 法则，$\pi_R(Q)$ 的二阶导数小于 0，则该函数在有限闭区间上有最大值。因此，当 $\frac{\partial\pi(Q)}{\partial(Q)}=p-c-pF(Q)=0$，即 $F(Q)=\frac{p-c}{p}$时，可以得到供应链系统的最优订货量为：

$$Q^{(1)}=F^{-1}\left(\frac{p-c}{p}\right) \tag{2-6}$$

同样据此得到协同决策下供需双方及供应链系统的利润分别为：

$$\pi_R(Q^{(1)})=(p-w)Q^{(1)}-p\int_0^{Q^{(1)}}F(x)dx$$

$$\pi_M(Q^{(1)})=(w-c)Q^{(1)}$$

$$\pi(Q^{(1)})=(p-c)Q^{(1)}-p\int_0^{Q^{(1)}}F(x)dx \tag{2-7}$$

（二）分散决策

在分散决策的前提下考虑零售商利润最大化的情形，同上述分析，$\pi_R(Q)$ 的二阶导数小于 0，则该函数在有限闭区间上有最大值。因此，当 $\frac{\partial\pi_R(Q)}{\partial(Q)}=p-w-pF(Q)=0$，即 $F(Q)=\frac{p-w}{p}$时，得到最大值即零售商的最优订货量为：

$$Q^{(2)}=F^{-1}\left(\frac{p-w}{p}\right) \tag{2-8}$$

据此得到供需双方及供应链系统利润如下：

$$\pi_R(Q^{(2)})=(p-w)Q^{(2)}-p\int_0^{Q^{(2)}}F(x)dx$$

$$\pi_M(Q^{(2)})=(w-c)Q^{(2)}$$

$$\pi(Q^{(2)})=(p-c)Q^{(2)}-p\int_0^{Q^{(2)}}F(x)dx \tag{2-9}$$

由于 $c<w$，则 $\frac{p-c}{p}>\frac{p-w}{p}$。根据假设，需求分布 F（x）单调递增，于是有 $F^{-1}\left(\frac{p-c}{p}\right)>F^{-1}\left(\frac{p-w}{p}\right)$，即 $Q^{(1)}>Q^{(2)}$，也就是说，满足供应链系统利润最大化的最优订货量大于分散决策下使得零售商利润最大化的订货量。

比较分析两种决策方式下供应商的利润。根据上述分析 $w>c$，$Q^{(1)}>Q^{(2)}$，易知 $w-c>0$，$Q^{(1)}-Q^{(2)}>0$，则 $\pi_M(Q^{(1)})-\pi_M(Q^{(2)})=(w-c)(Q^{(1)}-Q^{(2)})>0$，即 $\pi_M(Q^{(1)})<\pi_M(Q^{(2)})$，说明在保证供应链利润最大化的前提下供应商获得的利润更大。

下面比较分析两种决策方式下零售商的利润：

$$\begin{aligned}\pi_R(Q^{(2)})-\pi_R(Q^{(1)})&=(p-w)(Q^{(2)}-Q^{(1)})+p\left(\int_0^{Q^{(1)}}F(x)dx-\int_0^{Q^{(2)}}F(x)dx\right)\\&=(p-w)(Q^{(2)}-Q^{(1)})+p\int_{Q^{(2)}}^{Q^{(1)}}F(x)dx\end{aligned} \tag{2-10}$$

由于 $Q^{(1)}>Q^{(2)}$，且需求函数 $F(x)$ 单调递增，任取 $\bar{Q}\in(Q^{(2)},Q^{(1)})$ 即 $Q^{(1)}>\bar{Q}>Q^{(2)}$，则有 $F(Q^{(1)})>F(\bar{Q})>F(Q^{(2)})$，令 $x=\bar{Q}$，利用中值定理求解式（2-10），有：

$$\begin{aligned}\pi_R(Q^{(2)})-\pi_R(Q^{(1)})&=(w-p)(Q^{(1)}-Q^{(2)})+pF(\bar{Q})(Q^{(1)}-Q^{(2)})>\\&\quad(w-p)(Q^{(1)}-Q^{(2)})+pF(Q^{(2)})(Q^{(1)}-Q^{(2)})\\&=(w-p)(Q^{(1)}-Q^{(2)})+(p-w)(Q^{(1)}-Q^{(2)})=0\end{aligned} \tag{2-11}$$

即 $\pi_R(Q^{(1)})<\pi_R(Q^{(2)})$，说明在保证供应链整体利润最大化的决策下零售商的利润小于其自身利润最大化决策下的利润，也就是说在分散决策方式下，基本模型（批发价格契约）不能实现供应链系统的协调。

这是因为在基本协调模型中，供应商的利润 $\pi_M=(w-c)Q$ 是确定的，市场风险完全由零售商承担，并且在供应链系统利润最大的情况下零售商的利润受损，零售商必然不会从系统最优的角度选择订货量，于是不可能使得供应链利润最大，系统无法达到协调。因此，应在基本供应契约模型的基础上，加入恰当的协调和激励机制提高供应链的利润水平，并保证各节点企业在保证系统最优的同时自身的利润不会受到损害。常见的供应契约有数量折扣（Quantity Discounts）、回购（Return Policy or Buy Back）、价格补贴（Markdown Money）、收入共享（Revenue Sharing）、后备协议（Backup Agreement）、数量柔性（Quantity Flexible）、期权（Option）和特许经营（Franchise）等。

针对服装产品短生命周期产品的特点，下面将介绍对本书研究有指导意义的回购及数量柔性契约模型。

三、回购契约模型

回购契约，是随机需求下实现系统协调最常用的一种机制，其本质是一种应对市场不确定性的风险分担机制。回购通常被应用于销售周期短但生产周期长、价值递减甚至易腐产品的供应链协调。根据该契约，供应商将在销售季节末以议定价格回收零售商的未售出商品，降低了零售商的市场风险，从而激励零售商增加订货量。回购契约的形式有(w，b)，(w，b，R)[①] 等。

引入回购契约后，供需双方及供应链系统的期望利润为：

$$\begin{aligned}\pi_R(Q) &= pE(S(Q)) + b[Q - E(S(Q))] - wQ = (p-b)E(S(Q)) - (w-b)Q\\ &= (p-b)\left(Q - \int_0^Q F(x)dx\right) - (w-b)Q\\ &= (p-w)Q - (p-b)\int_0^Q F(x)dx \end{aligned} \tag{2-12}$$

$$\begin{aligned}\pi_M(Q) &= (w-c)Q - b(Q - E(S(Q))) = (w-c)Q - b\left[Q - \left(Q - \int_0^Q F(x)dx\right)\right]\\ &= (w-c)Q - b\int_0^Q F(x)dx\pi(Q)\end{aligned} \tag{2-13}$$

① w 表示批发价；b 表示回购价格；R 表示回购比例。根据 R 的不同取值，回购契约分为全价格全部回购、全价格部分回购、部分价格全部回购、部分价格部分回购等多种形式，最常见的方式为部分价格全部回购。

$$= \pi_R(Q) + \pi_M(Q) = pE(S(Q)) - cQ \tag{2-14}$$

（一）集中决策

对比式（2-5）与式（2-14）可知，引入回购契约机制并没有改变供应链系统的利润，这是因为回购机制只是在供应链内部发生费用，供应链系统整体利润并未改变，所以从供应链系统利润最大化的角度进行决策得到的最优订货量仍为 $Q^{(1)}$，集中决策方式下的回购契约能够实现供应链系统的协调。

（二）分散决策

采用类似于基本协调模型的分析方法，首先分析零售商利润最大化的情形，令 $\frac{\partial \pi_R(Q)}{\partial(Q)} = p - w - (p - b)F(Q) = 0$，则 $F(Q) = \frac{p - w}{p - b}$，因此可知在回购契约中满足零售商利润最大化的最优订货量为：

$$Q^{(3)} = F^{-1}\left(\frac{p - w}{p - b}\right) \tag{2-15}$$

只有当 $Q^{(1)} = Q^{(3)}$，即 $\frac{p - c}{p} = \frac{p - w}{p - b} \Rightarrow b = \frac{p(w - c)}{p - c}$ 时，回购契约才能够实现供应链系统的协调。回购价格 b 的取值与需求分布无关，供应商可依据产品零售价格 p、产品生产成本 c 及零售价格与批发价格的关系确定各参数的取值，建立合适的回购契约实现供应链系统协调。

回购契约的最大优点是能够消除随机需求下系统的双边际化问题，这对于短生命周期产品供应链的协调非常重要。回购契约使得供应商承担了市场需求导致的部分过剩库存，同时也相应地提高了供应商的期望利润，在分担风险的同时又能起到订购激励的作用，能够达到供应链系统协调的目的。

四、数量柔性契约模型

数量柔性契约是指供应商（通常为生产商）允许零售商可以在观察市场需求之后改变最初订购量的协议，被广泛应用于电子和计算机产品的供应链管理中。根据该契约，零售商有两次订购机会，可以有效降低市场不确定性对供应绩效的影响。与回购契约相比，数量柔性契约更多关注的是产品订购数量的调整而非价格调整，其基本形式有（Q，δ），（Q_1，Q_2，α，β）[①]。

由于服装类产品的销售极具季节性，为保证生产和销售，零售商通常会提前订货（提前期为 L），在这样的订货方式下，零售商只有一次订货机会。然而在实践中，销售期内的需求通常都是不确定的，零售商往往害怕在销售期结束后出现库存积压而不敢订购足够数量的商品，从而导致销售期内可能出现缺货损失，使得整个供应链无法实现利润最大化。考虑采用数量柔性契约，给予零售商一定的订货柔性，激励其提高订货量，以期能够解决这一问题，数量柔性契约的一般流程如图 2-2 所示。研究表明，数量柔性契约自身并不能确保一定能够实现供应链的协调，只有对某些条件进行限定之后，供应商、零售商和供应链的整体利润才能同时达到最大化。

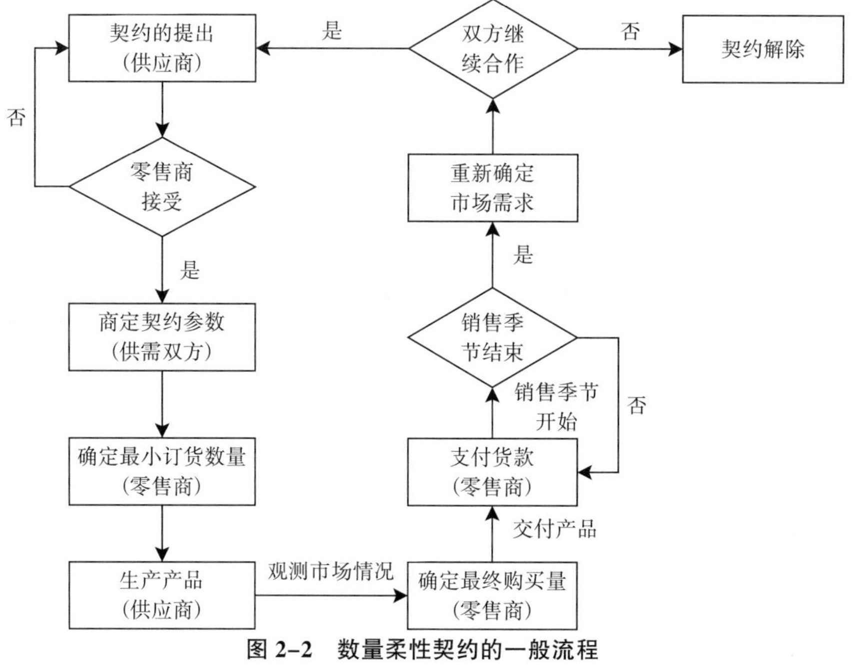

图 2-2 数量柔性契约的一般流程

① 第一种形式中，w 为批发价格，δ 为数量柔性。第二种形式中，订购和生产具有不同柔性，α 为供应商的生产数量柔性，β 为零售商的订货数量柔性，α = β 时，转换为第一种形式。

在供应链契约协调模型基本假设的基础上，引入数量柔性参数 δ（$\delta\in[0,1]$），具体决策过程为，零售商提供初始订货量 Q，供应商依据契约同意提供数量为 $(1+\delta)Q$ 的产品并据此组织生产。零售商在约定时间内根据观测到的市场需求，以批发价格 w 订购数量在 $(1-\delta)Q$ 至 $(1+\delta)Q$ 之间的产品。对于销售季末未售出产品，供应商给予零售商一定的价格补偿。

根据上述假设，引入数量柔性契约后零售商的期望利润为：

$$\begin{aligned}\pi_R(Q) &= pE(S(Q)) + v(Q - E(S(Q))) - wQ + (w - v)\int_{(1-\delta)Q}^{Q} F(x)dx \\ &= (p - w)Q - (p - v)\int_0^Q F(x)dx + (w - v)\int_{(1-\delta)Q}^{Q} F(x)dx \\ &= (p - w)Q - (p - w)\int_0^Q F(x)dx - (w - v)\int_0^{(1-\delta)Q} F(x)dx \end{aligned} \tag{2-16}$$

式中，v 为销售季节结束后未售出产品的残值。供应商及供应链系统期望利润为：

$$\pi_M(Q) = (w - c)Q - (w - v)\int_{(1-\delta)Q}^{Q} F(x)dx = (w - c)Q - (w - v)\int_0^Q F(x)dx + (w - v)\int_0^{(1-\delta)Q} F(x)dx \tag{2-17}$$

$$\pi(Q) = \pi_M(Q) + \pi_R(Q) = (p - c)Q - (p - v)\int_0^Q F(x)dx \tag{2-18}$$

因为数量柔性契约中的价格补偿也发生在供应链系统内部，所以供应链系统整体利润与数量柔性契约的参数 w 和 δ 无关，仅取决于各成本参数及订货量。

（一）集中决策

首先分析集中决策的情形，由 $\frac{\partial^2\pi(Q)}{\partial Q^2} = -(p - v)f(Q) < 0$，可知 π 为凹函数，在定义域内一定存在最优解使得供应链系统利润达到最大值。令 $\frac{\partial\pi(Q)}{\partial Q} = p - c - (p - v)F(Q) = 0$，得：

$$Q^{(4)} = F^{-1}\left(\frac{p - c}{p - v}\right) \tag{2-19}$$

（二）分散决策

接下来考虑分散决策下零售商利润最大化的情况，求式（2-16）的二阶导数：

$$\frac{\partial \pi_R^2(Q)}{\partial^2 Q} = -(p-w+v)f(Q)-(w-v)(1-\delta)^2 f((1-\delta)Q) \tag{2-20}$$

只有当 $v<w(\delta)<p$ 时才会有 $\frac{\partial \pi_R^2(Q)}{\partial^2 Q}\leqslant 0$，才能够取得最优解使得零售商的利润达到最大值。因此，在上述区间假设下对式（2-16）求 Q 的一阶导数，令：

$$\frac{\partial \pi_R(Q)}{\partial Q} = p-w-(p-w)F(Q)-(w-v)(1-\delta)F((1-\delta)Q)=0 \tag{2-21}$$

只有当零售商的订货量为 $Q^{(4)}$ 时，才有可能实现整个供应链系统的协调。由于批发价格 w 为数量柔性 δ 的函数，无法给出具体的函数解析式，但可知当零售商的订货量为 $Q^{(4)}$ 时，批发价格 w 满足式（2-22）给出的关系式：

$$w=\frac{p(1-F(Q^{(4)}))+v(1-\delta)F((1-\delta)Q^{(4)})}{1-F(Q^{(4)})+(1-\delta)F((1-\delta)Q^{(4)})} \tag{2-22}$$

式中，w 为 δ 的增函数。当 $\delta=0$ 时，数量柔性契约退化为基本契约协调模型，$w=p(1-F(Q^{(4)}))+vF(Q^{(4)})$，零售商利润达到最大值但同时也承担了全部市场风险；当 $\delta=1$ 时，$w=p$ 则在供应链运行过程中零售商零利润。显然，上述两种极端情况都不符合契约激励的目的，无法协调供应链。只有当 $\delta\in(0,1)$ 且 $w\in(v,p)$ 时，数量柔性契约 $\{w,\delta\}$ 才有可能实现整个供应链系统的协调。易知满足式（2-22）的 w 必使得零售商利润 π_R 的二阶导数为负，即使得零售商利润取得最大值的最佳订货量 $Q^{(4)}$ 能够实现整个供应链系统利润的最大化。

继续分析数量柔性契约中当供应链系统和零售商的利润均达到最大值时供应商的利润。式（2-17）对 Q 分别求一阶和二阶偏导数，有：

$$\frac{\partial \pi_M(Q)}{\partial \pi} = (w-c)-(w-v)[F(Q)-(1-\delta)F((1-\delta)Q)] \tag{2-23}$$

$$\frac{\partial^2 \pi_M(Q)}{\partial Q^2} = -(w - v)(f(Q) - (1 - \delta)^2 f((1 - \delta)Q)) \tag{2-24}$$

当订货量为 $Q^{(4)}$ 时根据式（2-21）有 $(w - v)(1 - \delta)F((1 - \delta)Q^{(4)}) = p - w - (p - w)F(Q^{(4)})$，又由于 $Q^{(4)}$ 满足式（2-19），于是式（2-23）可以转化为：

$$\begin{aligned}\frac{\partial \pi_M(Q^{(4)})}{\partial \pi} &= (w - c) - (w - v)[F(Q^{(4)}) - (1 - \delta)F((1 - \delta)Q^{(4)})] \\ &= (w - c) - (w - v)F(Q^{(4)}) + (p - w) - (p - w)F(Q^{(4)}) \\ &= -c + p - (p - v)F(Q^{(4)}) \\ &= -c + p - (p - v)\frac{p - c}{p - v} = 0\end{aligned} \tag{2-25}$$

但是式（2-24）的符号无法确定，如果 $f(Q) < (1 - \delta)^2 f((1 - \delta)Q)$ 则 π_M 的二阶导数大于 0，则无法求得最优解。$Q^{(4)}$ 也只能是局部最优解，无法使供应商利润达到最大值。因此，在使用数量柔性契约时，必须适当选取参数取值，使得供应商的二阶导数小于 0 才能够实现供应链系统的协调。

五、数值算例

下面以算例的形式说明各供应契约对供应链各参与方及整个供应链系统的不同协调作用。假设某服装产品市场需求服从均值 $\mu = 100$ 标准差 $\sigma = 30$ 的正态分布，即 $D \sim N(100, 30^2)$ 的零售价格 $p = 100$ 元/件，生产成本 $c = 40$ 元/件，数量柔性契约中销售季末未售出产品的残值 $v = 25$ 元/件。

图 2-3 给出了满足上述假设的需求分布的概率密度函数和分布曲线，表 2-1 则给出了基于上述需求分布及成本参数的供应链在各种不同的供应契约模型下得到的各方利润。通过表中数据容易得出如下结论：

（1）在供需双方均为风险中性的前提下，与分散决策方式的供应链系统相比，集中决策方式能够改善供需双方及整个供应链系统的利润，实现供应链系统的协调。在产品生产成本和零售价格已知的前提下，批发价格是该契约形式的决策变量，因此集中决策方式下的基本供应契约模型等同于批发价格契约。

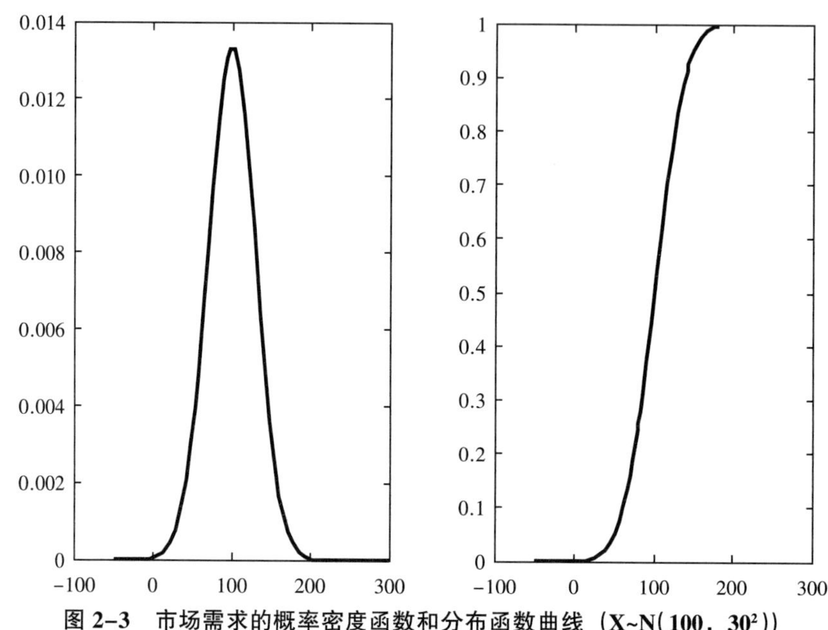

图 2-3　市场需求的概率密度函数和分布函数曲线（$X \sim N(100, 30^2)$）

表 2-1　不同供应契约模型下的供应链各方利润

项目	w	b	δ	Q	π_M	π_R	π
基本契约模型集中决策	65			125	3125	4375	7500
	60	—	—	125	2500	5000	7500
	55	—	—	125	1875	5625	7500
基本契约模型分散决策	65	—	—	114	2850	3990	6840
	60	—	—	116	2320	4640	6960
	55	—	—	118	1770	5310	7080
回购契约模型	65	42	—	125	3125	4375	7500
	60	33	—	125	2500	5000	7500
	55	25	—	125	1875	5625	7500
数量柔性契约模型	43	—	0.3	138	414	7866	8280
	53	—	0.4	138	1794	6486	8280
	68	—	0.5	138	3864	4416	8280

（2）回购契约属于价格决策契约，在算例给定的假设条件下，实现供应链系统协调的条件仅取决于供应链系统内部各方成本，供应链各方及系统整体收益都与集中决策方式下的利润相同。也就是说，在供需双方都是风险中性的前提下回购契约能够实现供应链系统的协调。但在实际操作中，供应链各参与方并不都是风险中性的，综合考虑市场风险、库存成本、运输成本和缺货损失等因素，回购契约不一定能够实现供应链系统的协调。但引入回购机制一定能够降低零售商的市场风险，达到对零售商的有效激励，并且能够改善供应链系统的整体绩效。因此，回购契约在供应链实践中具有很强的实用性和可操作性。

（3）数量柔性契约属于订货量决策契约，在算例给定的双方均为风险中性的假设条件下，引入数量柔性机制提高了整个供应链系统的利润。但同时也能够看到，批发价格是数量柔性 δ 的函数，随着数量柔性 δ 取值的增大，供应商利润增加而零售商利润降低，并不一定能够使得各方利润均高于分散决策下的最大利润，即不能够实现供应链系统的协调。根据模型可知，数量柔性契约能否实现供应链系统的协调除了受供应链系统内部各方成本的影响外，还和产品的市场需求分布密切相关。此外，还需要考虑到过大的数量柔性可能增加的运输和管理成本。因此，需要选择合适的契约参数才能够实现对供需双方的有效激励。在供需双方并不一定全是风险中性的情况下，数量柔性契约能够使得供应链系统整体绩效得到改善，但不一定可以实现供应链系统的协调。由于数量柔性契约中引入了信息更新机制，能够对市场需求变化做出及时响应，降低了供需双方特别是供应商的风险，能够达成对供应链系统的有效激励，使得供应链各参与方的利润均得到改善。

第三节　回购与数量柔性联合契约

上节讨论了供应链系统分别应用回购契约与数量柔性契约时的协调情况，通过对数值算例的分析，发现回购契约能够实现供应链系统的协调却不能增加供需双方及整个供应链系统的利润，而数量柔性契约能够很好地提高供应链系统的利润但在利润分配方面却有很多条件限制。因此，考虑将上述两种供应契约联合使用，在有效激励和风险共担的同时缓解"双重边际化效应"，实现供应链系统的协调和整体利润的提高。

在供应链系统协同管理的前提下，将数量柔性 δ 引入回购契约机制中建立回购与数量柔性联合契约。零售商根据协定的契约参数 δ 和 b 及市场经验决定订货量 Q，供应商获取订货信息后按照 $(1+\delta)Q$ 的数量安排生产。销售季节开始后，零售商获取即时市场需求，依此确定最终订货量并及时告知供应商以更新其生产量，依据契约零售商的最终订货量不得低于 $(1-\delta)Q$。到销售季节末，供应商以回购价格 b 并以一定比例回购零售商未售出产品（为简化计算在不影响计算结果的情况下假设供应商全部回购，即回购比例为 1），取代原数量柔性契约中对未售出产品的价格补贴。在该联合契约中供应商的决策变量为 $\{\delta, b\}$，零售商的决策变量为 Q，契约缔结过程如图 2-4 所示，其契约形式为 $\{Q, \delta, b\}$。

按照上述决策过程，可以得到回购与数量柔性联合契约中供需双方及供应链系统的期望利润分别为：

$$\begin{aligned}\pi_R(Q) &= pE(S(Q)) + b[(1-\delta)Q - E(S(Q))] - w(1-\delta)Q \\ &= (p-b)E(S(Q)) - (w-b)(1-\delta)Q \\ &= [p-b-(w-b)(1-\delta)]Q - (p-b)\int_0^Q F(x)dx \end{aligned} \quad (2-26)$$

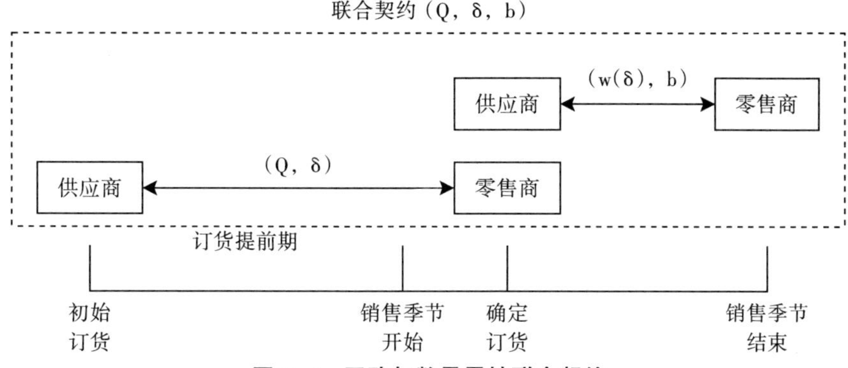

图 2-4 回购与数量柔性联合契约

$$\pi_M(Q)=(w-c)(1-\delta)Q-b[(1-\delta)Q-E(S(Q))]$$
$$=(w-c-b)(1-\delta)Q+b\left(Q-\int_0^Q F(x)dx\right)$$
$$=[(w-c-b)(1-\delta)+b]Q-b\int_0^Q F(x)dx \tag{2-27}$$

$$\pi=\pi_R+\pi_M=pE(S(Q))-c(1-\delta)Q$$
$$=[p-c(1-\delta)]Q-p\int_0^Q F(x)dx \tag{2-28}$$

下面分别讨论集中和分散两种决策方式下该联合契约模型的协调性。

（一）集中决策

对比式（2-14）与式（2-28）可知，从整个供应链系统协调管理的角度来说，联合契约模型只是在回购契约中一次订货的基础上引入了数量柔性的概念，降低了需求不确定性带来的过剩生产成本，从而增加了供应链系统的收益，而供应链协调原理与回购契约一致。同样令式（2-28）的一阶偏导数等于 0，可以得到集中决策方式下的最优订货量：

$$Q^{(5)}=F^{-1}\left(\frac{p-c(1-\delta)}{p}\right) \tag{2-29}$$

此时得到集中决策方式下供需双方及整个供应链系统的利润为：

$$\pi_R(Q^{(5)})=[p-b-(w-b)(1-\delta)]Q^{(5)}-p\int_0^{Q^{(5)}} F(x)dx$$

$$\pi_M(Q^{(5)}) = [(w-c-b)(1-\delta)+b]Q^{(5)} - b\int_0^{Q^{(5)}} F(x)dx$$

$$\pi(Q^{(5)}) = [p-c(1-\delta)]Q^{(5)} - p\int_0^{Q^{(5)}} F(x)dx \tag{2-30}$$

（二）分散决策

首先考虑分散决策方式下零售商利润最大化的情形。由于零售商的期望利润函数的二阶导数小于0，可知在定义区间内存在最优解使得零售商利润达到最大值且最优订货量满足 $F(Q)=\frac{(p-w)+(w-b)\delta}{p}$，要使得联合契约能够实现分散决策方式下供应链系统的协调，就必须使得该最优订货量等于 $Q^{(5)}$，即：

$$\frac{p-w+(w-b)\delta}{p} = \frac{p-c(1-\delta)}{p} \Rightarrow b=(w-c)\left(1-\frac{1}{\delta}\right)$$

但由 $\delta\in[0,1]$ 可知，满足条件的 $b<0$ 与实际不符。因此，在分散决策中零售商利润最大化的前提下联合契约不能够实现供应链系统的协调。

下面考虑供应商利润最大化的情况。同样由于二阶导数小于0在一阶导数等于0时取得供应商利润最大化时的最优订货量 $Q^{(6)}$：

$$Q^{(6)} = F^{-1}\left(\frac{(w-c-b)(1-\delta)}{b}+\delta\right) \tag{2-31}$$

令 $Q^{(6)}=Q^{(5)}$ 即可得到分散决策下在保证供应商利润最大化的前提下实现供应链系统协调的契约决策参数回购价格 b 满足：

$$\frac{(w-c)(1-\delta)+b\delta}{b} = \frac{p-c(1-\delta)}{p} \Rightarrow b=\frac{p(w-c)}{p-c} \tag{2-32}$$

也就是说，在分散决策方式中满足供应商利润最大化决策时联合契约能够实现供应链系统的协调。从函数关系可以看出，联合契约模型中的回购价格与单纯的回购契约中的回购价格一致，仅取决于各成本参数，而与数量柔性无关。

沿用上节算例的各参数取值，计算回购与数量柔性联合契约协调下供需双方及供应链系统的利润如表2-2所示，对比表2-1中的数据，不难得到如下结论：

表 2-2 回购与数量柔性联合契约下的供应链利润

w	b	δ	Q	π_M	π_R	π
65	42	0.3	133	4003	5573	9576
65	42	0.4	136	4325	6011	10336
65	42	0.5	139	4656.5	6463.5	11120
60	33	0.3	133	3179	6397	9576
60	33	0.4	136	3427	6909	10336
55	25	0.3	133	2394	7182	9576
55	25	0.4	136	2584	7752	10336

（1）数量柔性机制的引入仅带来了由于订货量决策带来的收益，对供应链中的各项成本和价格决策并不产生影响。

（2）与单纯的回购契约相比，由于联合契约中引入了数量柔性参数，提高了整个供应链应对市场需求变化的能力，有效降低了风险。在同样的成本参数下，联合契约使得供需双方以及整个供应链系统的利润较简单回购契约都有所增加。

（3）与单纯的数量柔性契约相比，由于回购机制比原契约中的价格补偿机制更能降低零售商的风险，因此零售商更乐于缔结这种联合契约并尽可能增加订货量，从而提高了供需双方和整个供应链的利润。

（4）在供需双方均为风险中性的前提下，回购与数量柔性联合契约能够有效改善供需双方及整个供应链系统的绩效，若有一方存在风险偏好或风险厌恶的情况，该联合契约也能够实现整个供应链系统绩效的改善，然而必须要慎重选择契约参数的取值才有可能同时增加供需双方的利润。

本章小结

供应链协调是供应链管理的目的，也是供应链运行过程中的瓶颈问题。供应契约作为实现供应链协调的一类主要方法在供应链管理实践和相关研究中占据着举足轻重的位置。本书研究的服装供应链是一类典型的季节性产品供应链，市场需求不确定性强，产品生产提前期长。因此，对供应链协调的要求更高。

本章在回顾供应契约及供应链协调理论的基础上，详细分析季节性产品供应链中常见的回购契约和数量柔性契约在供需双方均无风险偏好的情况下采用不同决策方式对供应链绩效的影响和协调性问题，并以算例的形式直观说明了相同前提条件下各供应契约对供应链绩效改进的影响程度。

在经典契约模型的基础上，本章将回购契约与数量柔性契约结合起来建立联合契约模型，分析了该联合契约模型对供需双方及整个供应链系统的绩效影响，并应用算例，分别与单纯的回购契约模型和数量柔性契约模型对供应链系统的协调性进行了对比分析。分析结果表明，在算例给定的前提下，回购与数量柔性契约能够提高供应链应对市场需求变动的能力，降低风险以及改善供应链各参与方及整个供应链系统的绩效，但与数量柔性契约类似，要实现供应链系统的协调需要选择合适的契约参数取值。

此外，为考虑模型通用性和计算复杂性的问题，本章介绍的各类基本供应契约模型和联合契约模型均基于供应链各参与方为风险中性，且不考虑供应链运行过程中发生的各类管理成本，与管理实践中的供应链存在很大区别。下文将结合服装供应链，考虑更为贴近管理实践的供应契约模型对供应链协调性的影响。

第三章　存货质押融资收益的博弈分析

供应链管理的目的是协调供应链上的物流、信息流和资金流，而前文研究都是在假设企业自有资金充足的前提下考虑信息流和物流之间的协调关系，并未考虑到链上企业可能存在资金不足对于企业自身及供应链整体利润的影响。

在生产实践中，由于资金不足的问题影响链上企业的购买能力，使得依据供应契约确定的最优决策无法实现，影响供应链协调的实例比比皆是。因此，研究资金约束对供应链运营决策的影响是非常有必要的。当供应链上的企业（制造商或零售商）存在资金不足的问题时，该供应链就被称为资金约束供应链。陈祥锋认为，资金约束会导致产品供应短缺和市场价格波动，对供应链的绩效造成严重损害。因此，具有资金约束的企业会向金融机构（银行）提出融资需求，银行根据融资企业的信用状况和偿债能力为其提供相应利率的贷款。

服装供应链参与方多为中小企业，一方面，企业自有资金很难满足日常生产和规模扩大的需求，银行考虑信用风险通常也不会批准该类企业的贷款申请；另一方面，服装企业普遍存在产品积压的问题，在增加成本的同时也一定程度上限制了供应链上的资金流动，资金短缺已经成为制约服装产业发展的主要瓶颈。

从供应链管理的角度，供应链上企业的资金约束问题可以通过供应链系统内部融资和外部融资两种途径解决。内部融资是指资金来源主体属于供应链系统，常见的内部融资主要采用延迟支付和预收货款等方式，而外部融资是指资金来源于供应链系统以外的金融机构。从服装供应链管理实践看，除服装制造商外，链上其他企业多为中小企业，内部融资的可能性较小，只能求助于外部金融机构。然而中小企业资信能力有限，银行等金融机构出于风险控制的考虑，很可能会拒绝中小企业的贷款申请或降低贷款额度。为此，本部分考虑结合金融机构的供应链金融相关业务，将金融机构作为节点企业引入服装供应链中，通过缔结契约的形式降低银行的信贷风险，从而真正实现服装供应链的“三流”协调。

第一节　融资企业与银行之间的博弈分析

博弈论（Game Theory）研究的是决策主体的行为发生直接相互作用时候的决策以及该决策的均衡问题。也就是说，博弈论适用于解决当一个主体的选择受到其他企业选择的影响，而且反过来影响其他选择时的决策问题和均衡问题。博弈论的基本概念包括参与人、行动、结果、信息、战略、效益函数、均衡，其中，参与人、行动和结果统称为博弈规则，而博弈分析的目的是使用博弈规则预测均衡。从参与人的行动顺序和参与人认知对方信息两个角度出发，可以得到四种不同类型的博弈，与之对应的均衡问题如表 3-1 所示。

表 3-1　博弈及其对应的均衡问题分类

行动顺序	信息	
	完全信息	不完全信息
静态	完全信息静态博弈； 纳什均衡	不完全信息静态博弈； 贝叶斯纳什均衡
动态	完全信息动态博弈； 子博弈精练纳什均衡	不完全信息动态博弈； 精练贝叶斯纳什均衡

根据博弈论的相关定义易知，在信贷融资过程中，融资企业与银行之间的信贷关系是一个动态博弈的过程，可以描述为：融资企业为该动态博弈过程的参与人 1，可供其选择的行为空间为 A_1。银行为参与人 2，其可供选择的行为空间 A_2 允许依赖于参与人 1 的行为 a_1，记为 $A_2(a_1)$，或将其合并到参与人 2 的收益函数中。根据上述假设，供应链融资业务的博弈过程可以描述为：融资企业首先从其行为空间 A_1 中选择一个行动 a_1，银行观察到融资企业的选择之后从自己的行为空间 A_2 中也选择一个行动 a_2，分别记博弈双方参与人的收益为 $u_1(a_1, a_2)$ 和 $u_2(a_1, a_2)$。

由于在银行进行选择时融资企业已经选择了行为 a_1，则银行面临的决策问题可以表示为$\max\limits_{a_2 \in A_2} u_2(a_1, a_2)$。假定对参与人 1 的行为空间 A_1 中的每个行动 a_1，银行的最优化问题即银行的最优反应只有唯一解，记为 $R_2(A_1)$ 表示。根据假设，融资企业能够预测到银行对每个行为 a_1 会做出反应，因此，融资企业在做申请贷款时面临的决策问题为$\max\limits_{a_1 \in A_1} u_2(a_1, R_2(a_1))$。同样，假定融资企业的决策问题有唯一解 a_1^*，则该博弈过程的解可以表示为 $(a_1^*, R_2(a_1^*))$。面对融资企业提出的贷款申请，行为空间 A_2 可供选择的行动即包括批准贷款与拒绝贷款两种选择，银行制定决策依据的是融资企业的经营状况、信用等级及抵/质押物状况等信息，而这些信息都是已知的。如果银行选择拒绝贷款，则博弈过程终止。如果银行选择批准融资企业的贷款请求，则银行下一阶段的行动由融资企业的还贷情况决定，如果融资企业按时偿还贷款，博弈过程终止，则整个博弈过程实现了融资企业与银行的双赢；反之，如果融资企业违约不按时偿还贷款，则银行也有独自承担坏账损失或者追究融资企业的违约责任两种可供选择的行动。

根据博弈双方对信息的共享情况，动态博弈分为完全信息和不完全信息两种情况，下面分别说明两种情况下博弈各参与方的行为选择及收益情况。

一、融资企业与银行间的完全信息动态博弈

为充分说明完全信息条件下融资企业与银行之间的博弈过程，本部分假设：

（1）博弈中的参与人只有融资企业和银行，博弈双方的行为是顺序发生的，即银行根据融资企业的行为选择是否为其发放贷款。

（2）在博弈参与人进行下一行动选择之前，所有以前的行为都是可以被观察到的，也就是说银行可以观察到融资中小企业的经营状况、信用记录及违约状况等信息。

（3）每个可供选择的行为组合中各个参与人的收益信息可以预见，即融资企业和银行对于自己选择的行动可能获得的收益有准确的认识。

（4）银行的初始本金为1，融资企业通过融资可获得的利润为1，其按期足额归还银行贷款获得的利润也为1，融资服务体系健全，融资企业办理信贷担保抵押业务方便、简单，整个信贷过程信息完全，且交易费用可以忽略。融资企业违约时，第三方（如司法体系）会对银行进行相应补偿，违约的融资企业将受到惩罚，罚金为1。

依据上述假设，完全信息前提下融资企业与银行之间的博弈过程如图3-1所示，各种行动选择及其产生的收益分别为：

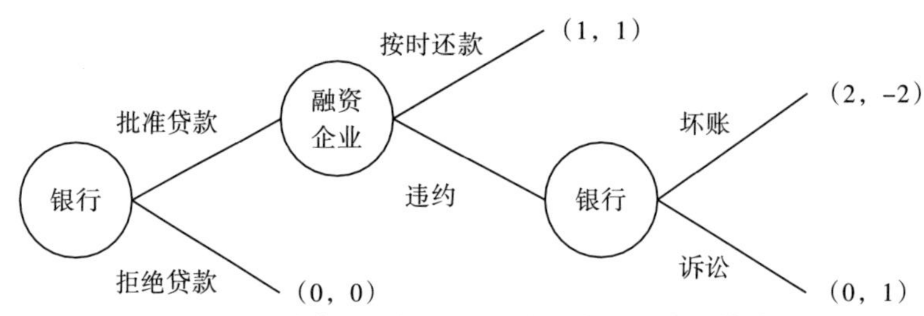

图3-1 融资企业与银行间的完全信息动态博弈

（1）当接到融资企业的贷款申请时，银行根据中小企业的信用状况做出拒绝贷款的决定，博弈过程终止，银行和融资企业均无收益，即博弈双方的收益为（0，0）。

（2）银行批准了融资企业的贷款请求，博弈进入第二阶段。在这一阶段中融资企业如能按时足额地归还贷款及利息，博弈过程也终止，此时银行和融资中小企业实现共赢，博弈双方的收益为（1，1）。

（3）在第二阶段的博弈中，如果融资企业未能及时足额归还贷款，视其违约，博弈进入第三阶段。此时银行若选择采取容忍态度，不追究融资企业的违约责任，则融资企业获得利润而银行损失本金以及已经产生的利润，此种情形下博弈双方的收益为（2，–2）。

（4）在第三阶段即融资企业违约后的博弈中，如果银行选择诉诸法律，提起诉讼，融资企业便会由于不履行责任而受罚，而银行的利益会得到补偿收回本金。这种情况下博弈双方的收益为（0，1）。

如果博弈双方均为理性的，即双方都会选择对自己有益的行动，显然根据上述博弈过程，如果融资企业违约，银行一定会选择诉讼，因而融资企业为保证自己的利益必然会选择如期偿还贷款。因此，要实现完全信息条件下融资企业与银行动态博弈的纳什均衡，博弈各参与人选择的策略只能是银行批准发放贷款，融资企业履行合约，及时足额偿还贷款，实现银行与融资企业的共赢。

二、传统融资模式下融资企业与银行间的不完全信息动态博弈

更为现实的情形是，融资企业多为中小企业，抵押或担保不足的可能性较大；当融资企业违约时，银行进行诉讼索取本金会产生额外的交易费用，以及很可能会由于融资企业自身资产不足的问题产生诉诸法律后仍然无法追回本金的情形，所有这些情况都可以被视为信息不完全的情况。据此，本部分做如下假设：

（1）假设博弈中的参与者只有银行和融资企业，博弈双方之间的信息不对称，博弈双方采取策略的可信度取决于各自掌握的信息。

（2）融资企业的收益信息私有，而银行获取融资企业的经营状况等信息要付出一定的成本。如果在第二阶段的博弈过程中融资企业违约，则银行选择追究责任也要付出一定成本。

（3）假设银行的初始本金为 1，融资企业通过融资可获得的利润为 1，企业按期还款银行获得的利润也为 1，银行追索的交易成本为 0.5，成功收回贷款的概率也为 0.5，企业违约将受到惩罚，罚金为 1。

前两个阶段，不完全信息条件下融资企业与银行之间的博弈过程与完全信息条件下的博弈过程相同。到第三阶段融资企业违约时，博弈格局发生了如图 3-2 所示的变化。银行如果选择不追究融资企业的违约责任，则博弈结束，银行损失本金以及已经产生的利润，而融资企业则独占了银行本息及贷款资金所产生的所有利润，此时博弈双方的收益为（3，-2）；反之，如果银行选择通过诉讼等手段追索贷款本金，依据假设银行需要支付交易成本。因此，银行可以获得的收益为 $0.5\times(-2+1)-0.5=-1$；而融资企业因为违约接受惩罚，其收益为 $0.5\times(0+3)-0.5=1$。所以银行追究融资企业违约责任时博弈双方的收益为（1，-1）。

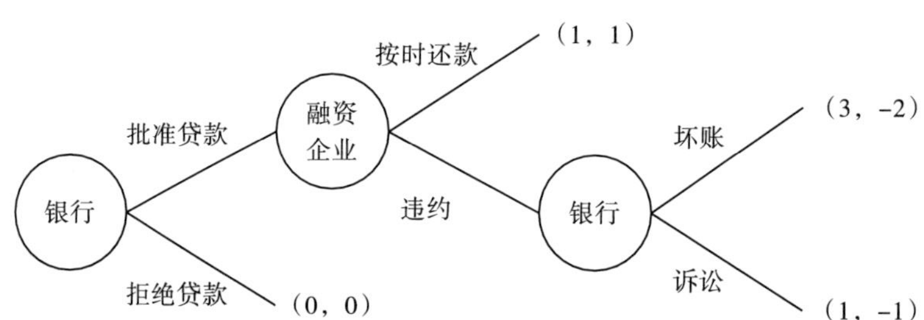

图 3-2　传统融资模式下融资企业与银行间的不完全信息动态博弈

此时，博弈的均衡状态发生了改变，融资企业更倾向于违约，而银行为减少损失，必会选择降低贷款额度或拒绝贷款。也就是说，在不完全信息条件下要实现融资企业与银行动态博弈的纳什均衡，银行的选择是拒绝发放贷款，融资企业和银行双方均无收益，这也就是中小企业融资困难的症结所在。

通过上述分析可以看到，只有促进融资企业与银行之间的信息流通，降低交易成本，才有可能解决中小企业的融资困境。近年来国内外商业银行将供应链管理中的信息共享、利润分配及风险控制等方法引入金融信贷服务，提出了一种新的金融服务模式——供应链金融，能够很好地解决中小企业资信水平低和信息不对称的问题，增强银行的风险控制能力，降低银行的交易成本，因此成为商业银行新的业务增长点。

三、供应链金融模式下融资企业与银行间的不完全信息动态博弈

相对于传统融资模式，供应链金融是针对供应链上多节点企业的综合授信，供应链特有的信誉机制增加了链上企业的违约成本，能够对融资企业形成经济有效的约束。供应链上核心竞争力强、资金雄厚的核心企业作为供应链金融的间接参与方，能够提高其上下游中小企业的信用水平，控制整个供应链系统的风险。另外，基于整个供应链绩效的考虑链上的资金流向便于掌握，因此降低了银行的授信风险，提高了成功回收贷款的概率。

根据供应链金融的定义和运作模式，做如下假设：

（1）在供应链金融模式中，银行和融资企业是博弈的直接参与者，链上的其他企业都作为间接参与者参与博弈。由于供应链协调机制的存在，使得链上的节点企业信息共享程度高，因而银行与融资企业之间的信息也会维持较好的对称性。

（2）如果融资企业违约，银行追究其违约责任时博弈双方都必须付出交易成本。这是由于在供应链这种特殊机制中，银行追究融资企业违约责任时存在示范效应，会给违约企业带来声誉损失。

（3）假设银行本金为 1，融资企业利润和银行利润各为 1，违约惩罚为 1。发生违约情况时，银行追索的交易费用为 0.5。

（4）银行追究违约责任的过程中带给融资企业的声誉损失为 $-a(0 < a < 1)$。相对应地，银行因对供应链上各节点企业的示范效应而获得的外部收益为 a。另外，设银行能够成功收回贷款的概率设置为 $p(0.5 < p < 1)$。

根据上述假设，供应链金融模式中融资企业与银行的博弈过程如图 3–3 所示：

与传统融资模式的不完全信息博弈不同的是，在第二阶段的博弈中，

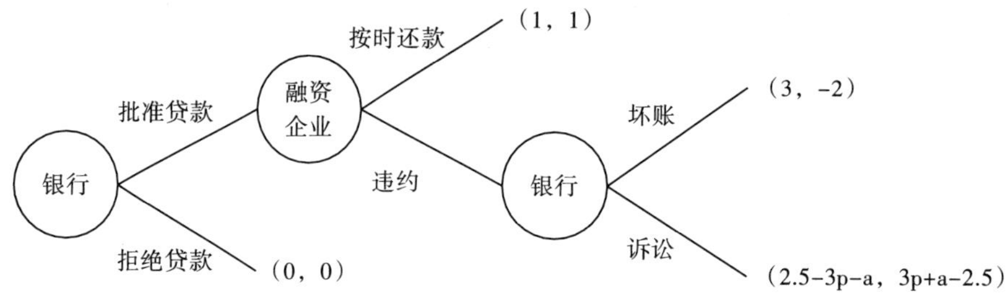

图 3-3　供应链金融模式下融资企业与银行间的不完全信息动态博弈

如果银行的选择是追究融资企业的违约责任并进行追索，则银行以概率 p 成功回收贷款，融资企业除受到违约惩罚外还需承担信誉损失。

博弈双方各种行动产生的收益分别为：

(1) 银行拒绝融资企业的贷款请求，和传统融资模式一样博弈双方收益为 (0，0)。

(2) 银行接受融资企业的贷款请求并发放贷款，博弈进入第三阶段，融资企业按时足额偿还贷款，则博弈双方的收益为 (1，1)。

(3) 在第三阶段的博弈中，融资企业违约未能按时归还贷款，银行选择容忍态度，进行坏账处理，这种选择下银行同时损失贷款本金和利息，其收益为 $-1-1=-2$，而融资企业的收益是为企业利用贷款资金获得的利润与贷款本息和 $1+1+1=3$，因此这种情况下博弈双方的收益为 (3，-2)。

(4) 银行选择追究融资企业的违约责任并进行追索，成功回收贷款的概率为 p，在供应链环境下，银行的追索行为对供应链上其他节点企业具有示范效应，产生的外部收益假设为 a，追索行为的交易成本为 0.5，因此，银行成功追索贷款的收益为 $p\times1+(1-p)\times(-2)-0.5+a=3p+a-2.5$；融资企业违约除需要支付交易费用 0.5 和违约惩罚-1 外，还需要承担拒偿贷款带来的声誉损失 a。因此，在这种情况下融资企业的收益为 $p\times0+(1-p)\times3-0.5-a=2.5-3p-a$，由此得到融资企业违约银行选择追究责任时博弈双方的收益为 $(2.5-3p-a,\ 3p+a-2.5)$。

为分析供应链金融模式下不完全信息博弈的纳什均衡，整理上述分析得到博弈双方的收益矩阵如表 3-2 所示。

表 3-2　供应链金融模式下融资企业与银行博弈的收益矩阵

		银行		
		（拒绝贷款，/）	（批准贷款，坏账）	（批准贷款，诉讼）
企业	按时还款	（-2，2）	（1，1）	（1，1）
	违约	（0，0）	（3，-2）	（2.5-3p-a，3p+a-2.5）

与传统融资模式相同，供应链融资模式下使得银行与融资企业双赢的纳什均衡解为：银行批准并发放贷款融资企业按时偿还贷款，此时博弈双方的收益为（1，1）。然而从收益矩阵中可以看到，融资企业违约银行选择追究融资企业的违约责任时的收益与供应链上企业的声誉损失 a 和银行成功回收贷款的概率 p 有关。要使得博弈双方选择会得到纳什均衡解的行动，则必须使得银行追索贷款所得的收益大于银行自行承担损失进行坏账处理所得的收益，且融资企业被银行追索债务后的收益小于按时还款所得收益，据此得到不等式：

$$\begin{cases} 2.5 - 3p - a < 1 \\ 3p + a - 2.5 > -2 \end{cases} \tag{3-1}$$

求解得 $3p + a > 1.5$，根据假设 $1/2 < p < 1$，$0 < a < 1$ 易知不等式恒成立，即银行批准发放贷款企业按时偿还贷款是该博弈的唯一纳什均衡点。根据不等式（3-1）易知，在供应链金融模式下，供应链上企业信誉的重要性和还款的概率越大，融资企业与银行之间的博弈越稳定，其彼此的合作关系也越长久。

根据上述分析，由于受到供应链上节点企业之间合作关系的影响，供应链金融模式下银行与融资企业的动态博弈可能产生的结果如下：

（1）银行拒绝贷款，融资企业与银行不发生合作关系，双方均无收益。

（2）银行批准并发放贷款，融资企业未能按时足额归还贷款，银行一定会追究融资企业的违约责任，倘若银行追债成功，融资企业被迫偿还贷款，博弈双方都会受到影响并损失一部分收益；一旦银行追债失败，博弈双方都会有较为严重的损失。比较而言，由于融资企业失信，其损失更大，也很有可能因此失去与供应链上其他企业的合作关系。

（3）银行批准并发放贷款，融资企业主动依约按时足额偿还贷款本息，博弈双方均从博弈中受益，且得到的收益都要大于情形（2）中被动还债的收益。

综上所述，参与博弈的双方遵从银行充分信任，融资企业重视声誉、信守承诺的原则参与合作，才能使得供应链金融这一融资模式真正实现供应链上的融资企业与银行的双赢。

下面从博弈论的视角讨论供应链上企业存在资金约束的条件下供应链上企业与银行的利润分配及供应链系统的协调问题。

第二节　资金约束供应链与银行的 Stackelberg 博弈

由于供应链上企业具有相同的目标，因此本部分将链上企业与银行之间的博弈视为两个层次的博弈，第一层次博弈是将链上企业作为一个整体考虑其与银行（表示银行与第三方物流企业的利益共同体，它们之间的博弈关系在下节讨论）之间的博弈，供应链的资金约束条件影响该层次的策略选择；第二层次博弈为链上企业之间的博弈，这层博弈的过程即为供应链协调的过程，资金约束在这一层次只影响双方收益而不影响双方的行动选择。首先考虑资金约束对于供应链系统收益的影响。

一、资金约束供应链的报童模型

沿用本书第二章中报童模型的基本假设前提，在存在资金约束的条件下考虑仅由服装制造商和零售商组成的两阶供应链的协调条件与双方收益。因此，在原假设基础上加入以下资金约束假设：

（1）供应链上企业的自有资金 η，显然有 $\eta < cQ^{(1)}$，（$Q^{(1)}$ 为无资金约束条件的报童问题的最优订货量，详见本书第二章第二节）。

(2) 链上企业除来自银行等金融机构的外部融资外，别无其他融资来源。

(3) 借贷金额以恰好满足订货量所需的资金为限，不考虑链上企业除购买产品之外的其他资金需求。设银行融资的利息率为 r，则来自银行的融资金额 $M = cQ - \eta$。

(4) 销售季节末，融资企业偿还银行贷款本息和 $(1 + r)M$ 并分配剩余利润，不考虑融资过程中产生的交易费用和管理成本等。

根据上述假设，可知当供应链发生资金约束即 $M > 0$ 时，订货量 $Q > \eta/c$，因此可得资金约束的供应链系统的期望利润 $\pi^c(Q \geqslant \eta/c)$ 为：

$$\pi_C(Q) = pQ(1 - F(Q)) + p\int_{\frac{M(1+r)}{p}}^{Q} F(x)dx - \eta - M(1 + r)\left(1 - F\left(\frac{M(1 + r)}{p}\right)\right) \tag{3-2}$$

令：

$$m = \frac{p}{1 + r},\ y = \frac{(cQ - \eta)(1 + r)}{p} = \frac{M}{m} \tag{3-3}$$

式中，m 代表每销售一个单位产品供应链上企业可获得的收入，相应地，每销售一件产品银行可获得的收入为 $\frac{r}{1 + r}p = p - m$，y 表示清偿银行贷款本息所需的最低销售量。因此，资金约束供应链的违约概率为 $F(y)$。

令$\bar{F}(x) = 1 - F(x)$，则式（3-2）的目标函数可以转换为：

$$\begin{aligned}\pi_C(Q) &= p\int_{y}^{Q}(x - y)F(x)dx + p(Q - y)\int_{0}^{+\infty}F(x)dx - \eta \\ &= p\int_{y}^{Q}\bar{F}(x)dx - \eta\end{aligned} \tag{3-4}$$

根据 Buzacott 的研究假设由于资金约束的存在，原需求分布具有一个递增的失效率（Increasing Failure Rate，IFR）。在此条件下，上述优化问题的求解转为求解满足 Karush-Kuhn-Tucker（KKT）最优条件[①] 的订货量问题。

---

① KKT 最优条件常用于非线性规划问题的求解，它能够将不等式的约束条件转换为等式约束条件。

命题 1：如果资金约束供应链的产品需求分布函数 F(·) 具有一个递增的失效率 IFR，则对于任意 $\eta < cQ^{(1)}$，报童模型的最优订货量 Q^* 满足：

$$Q^* = \begin{cases} \dfrac{\eta}{c}, & \eta/c > \bar{F}^{-1}(c/m) \\ \hat{Q}, & \text{其他} \end{cases}, \quad m\bar{F}(\hat{Q}) = c\bar{F}(y) \tag{3-5}$$

博弈过程中，当银行的贷款利率 r 过高使得供应链上企业无法从融资中获得收益时，供应链上企业选择不申请贷款而是将自有资金 η 全部投入运行，则报童模型的订货量为 $\frac{\eta}{c}$，即命题 1 中的第一种情形，为实现博弈的纳什均衡条件即银行发放贷款企业按时偿还贷款本息和的策略，需要设置贷款利率 r 的上限，显然链上企业自有资金 η 越大贷款利率上限越低。反之，当贷款利率足够低时，链上企业将选择向银行融资连同自有资金全部投入供应链运行，此时的订货量满足命题中的第二种情形。

由上述分析可见，将供应链上企业作为一个整体参与博弈的情况下，融资利率 r 为供应链收益的决策变量，而利率 r 由银行制定，因此认为银行为该 Stackelberg 的领导者（Leader）。

作为博弈的领导者，银行不仅需要促成博弈双方选择能够实现纳什均衡的策略，还需要合理分配收益实现对供应链企业的有效激励，所以视贷款利率 r 和链上企业的收益 m 为博弈的决策变量。对实现条件 $m\bar{F}(\hat{Q}) = c\bar{F}(y)$ 应用隐函数定理，可知链上企业收益 m 与最低销售量之间满足关系式：

$$\frac{dy}{dm} = \frac{c\bar{F}[(\eta + my)/c] - myf[(\eta + my)/c]}{m^2 f[(\eta + my)/c] - c^2 f(y)} \tag{3-6}$$

但该式符号无法确定，即从供应链系统的收益角度考虑仍不能判定 y 与 m 之间的单调性关系。下面从银行角度考虑博弈的收益问题。

二、银行收益分析

由于在第二阶段的博弈中，资金约束的供应链向银行融资的贷款金额取决于银行设定的贷款利率 r，因此银行必须在博弈开始就依据报童模型做出预测，在自身期望利润最大化的前提下设定贷款利率 r 或收益分配参数 m。银行的期望利润 π_B 为：

$$\pi_B = M(1+r)\bar{F}(y) + p\int_0^y F(x)dx - M \tag{3-7}$$

式中，第一项为链上企业按时归还贷款本金和利息的情况下银行的收益，第二项为链上企业违约，银行处理抵/质押物的期望销售收入。根据命题 1，当 $m < \frac{c}{\bar{F}(\eta/c)}$ 时，供应链上企业不会向银行融资。此外，当 $m > p$ 时，$r < 0$，因此为激励资金约束的供应链选择对自己有益的行动，银行会选择满足条件 $\frac{c}{\bar{F}(\eta/c)} \leqslant m < p$ 的收益分配参数 m。在此条件下银行的期望利润函数为：

$$\pi_B = p\int_0^y \bar{F}(x)dx - my \tag{3-8}$$

为求最优解，通常的做法是求出令函数偏导数等于 0 的极值点，然而在博弈过程中，决策条件 y 又是自变量 m 的函数，$\bar{F}(y) = \frac{m}{p}$，而链上企业又是根据银行给定的 m 进行订货量 Q 和 y 的决策，因此不能够直接从式（3-8）的导函数得到系统最优解。为描述各变量之间错综复杂的关系，本部分首先假设 m 满足一阶条件①，即 $\bar{F}(y) = m/p$ 一定成立，在此前提下求 π_B 的全导数：

$$\frac{d\pi_B}{dm} = -y^*(m) + [-m + p\bar{F}(y^*(m))]\frac{dy^*}{dm} = 0 \tag{3-9}$$

式中，$\frac{dy^*}{dm}$ 可由式（3-6）得到。根据命题 1，当 $\frac{c}{\bar{F}(\eta/c)} \leqslant m < p$ 时有 $\hat{Q} < Q^{(1)}$，从而有 $\frac{c}{p} = \bar{F}(Q^{(1)}) < \bar{F}(\hat{Q}) = \frac{c}{m\bar{F}(y^*(m))}$，因此银行会选择使不

① 根据帕累托最优的定义，一阶条件为必要条件 $dU^i = dU^j = 0$，二阶条件为充分条件 $d^2U^i < 0$（i，j = 1，2，…，M）。

等式 $m - p\bar{F}(y^*) < 0$ 成立的 m 值。由此可知 $\frac{dy^*}{dm} > 0$，此时 $y^*(m)$ 为单调函数，系统有唯一的均衡解。根据上述分析可以得到如下命题：

命题 2：如果产品需求分布函数 $F(\cdot)$ 具有一个递增的失效率 IFR，银行与资金约束供应链之间的 Stackelberg 博弈存在唯一的均衡解，取得该均衡解的策略集 (y^*, m^*) 满足式（3-5）、式(3-6）和式(3-9)。且此时各参数的取值范围满足不等式 $0 < y^* < \bar{F}^{-1}(m^*/p)$，$\bar{F}^{-1}(c/m^*) < \hat{Q} < Q^{(1)}$ 以及 $0 < \frac{dy^*}{dm^*}$。

相关文献中 Xu 假设利率 r 的取值为无风险利率 r_f 时银行和资金约束的供应链都能获利，从而有 $\hat{Q} = Q^{(1)} = \bar{F}^{-1}(c/p(1 + r_f))$，其中 p 的调整因子 $(1 + r_f)$ 反映了资金的时间价值，由此得出结论认为应该分离供应链上的采购决策与融资决策。然而采购决策与融资决策之间密不可分的关系已经得到证明，同时也得出资金约束供应链中取得平衡解的订货量小于传统报童模型的最优订货量的结论。

下面考虑零售价格 p，成本 c 与链上企业自有资金 η 之间的关系。

由于 $m\bar{F}(\hat{Q}) = c\bar{F}(y)$，根据隐函数微分定理有 $\frac{dm}{d\eta} = \frac{mf(\hat{Q})}{c\bar{F}(\hat{Q}) - my^*f(\hat{Q})}$，又由于当博弈达到均衡时有 $\frac{dy^*}{dm^*} = \frac{c\bar{F}(\hat{Q}) - m^*y^*f(\hat{Q})}{f(y^*) - m^{*2}f(\hat{Q})} > 0$，即 $c\bar{F}(\hat{Q}) - m^*y^*f(\hat{Q}) > 0$，所以有 $\frac{dm^*}{d\eta} > 0$，进而可知 $\frac{dy^*}{d\eta} < 0$，$\frac{dB^*}{d\eta} < 0$。即 m^* 随 η 的增加而增大，但 y^*、B^* 和 r^* 随其增大而减小。

同理，根据式（3-9）有 $\frac{dy^*}{dp} = \bar{F}(y^*)\frac{dy^*}{dm^*} > 0$，$\frac{dm^*}{dp} = \bar{F}(y^*) > 0$ 成立。另外，由于 $\frac{dy^*}{dm^*} > 0$，$B^* = m^*y^*$ 并且 $c\hat{Q} = \eta + B^*$，即可得到 B^*、$\hat{Q}$ 与 p 的单

调性关系，将 $m^*=\frac{p}{(1+r^*)}$ 代入式（3-9）并对其求导，可得：

$$\left[-\frac{1}{1+r^*}+\bar{F}(y^*)\right]dp-\frac{p}{(1+r^*)^2}\frac{dy^*}{dm^*}dr=0 \tag{3-10}$$

由于 $\bar{F}(y^*)>1/(1+r^*)$，所以有 $\frac{dr^*}{dp}=\frac{\bar{F}(y^*)-\frac{1}{1+r^*}}{\frac{p}{(1+r^*)^2}}>0$。由此得出结论，对于给定的 η，参数 y^*、B^*、$\hat{Q}$、r^* 以及 m^* 均随 p 的增大而增大。

各参数与成本 c 的单调性关系可同理得出：对于给定的 η，y^* 随 c 的增大而增大，而 B^*、$\hat{Q}$ 及 m^* 均随 c 的增大而减小。

直观地理解，资金约束供应链拥有的自有资金越多，需要从银行贷款的可能性和贷款金额越小，为激励链上企业的融资选择，银行需要降低利率 r（或者提高链上企业可获收入 m），因此 η 越大，B^* 和 y^* 越小。然而统计数据表明，订货量 $\hat{Q}$ 不一定随 η 的增加而增加，这是因为 $\frac{d\hat{Q}}{d\eta}=\frac{F(\hat{Q})\frac{dm^*}{d\eta}+f(y^*)\frac{dy^*}{d\eta}}{m^*f(\hat{Q})}$，其中 $dm^*/d\eta>0$，$dy^*/d\eta<0$，因此 $d\hat{Q}/d\eta$ 的符号不能够确定。

对于给定的 η，p 越大意味着当供应链上企业违约时银行能够得到的赔偿越多，如果链上企业不违约则银行的收益为一固定值 B（1 + r）。从这个角度分析银行也会选择更低的利率 r（或更高的收益分配参数 m）。由于在均衡状态下 y^* 是 m 的单调增函数，通过前面的分析也可得到 y^* 随 p 的增加而增加，又有 $B^*=m^*y^*$，因此 B^* 也是 m 的增函数。但是，银行确定的利息率 r 是随 p 单调递增，由于博弈双方的期望利润都会随零售价格 p 的增加而增加，所以银行和资金约束的供应链都会选择尽可能高的零售价格。

同样对于给定的自有资金 η，成本 c 越高则链上企业的利润率越低，从而链上企业要完成的最低销售量 y^* 越大。因此，银行确定的利率 r 越大

(或 m 越小)，存在资金约束的链上企业的贷款金额和订货量也就越低。

以上确定了均衡解存在的唯一性，并分析了各个变量之间的单调性关系，然而仍然无法给出均衡解（y^*，m^*）的精确表达式。数据统计结果表明，需求的不确定越大，上述模型越能够改善供应链绩效，系统的期望利润率与选择融资方式有关且呈现多峰值的特征。因此，本部分只能选择通过某一确定的融资方式研究资金约束供应链的协调问题。

三、资金约束供应链的协调机制

根据上一小节的分析，如果资金约束的供应链不寻求外部融资，仅以自有资金为基础安排生产，其订货量最大只能为 $Q^{\eta}=\dfrac{\eta}{c}$，则供应链的期望利润为 π_C^{η}。如果资金约束的供应链以博弈均衡为目标向银行申请贷款，则其订货量大于$\dfrac{\eta}{c}$但小于资金充足情况下实现协调的最佳订货量 $Q^{(1)}$，因此可以认为博弈均衡会带来一定的效率损失。这种效率损失的产生是由于在假设条件中，供应链的期望利润是贷款利率的函数，而利率 r（或 m）是银行根据贷款金额 B（或 y）制定的。为激励链上企业的订货量为系统协调时的最佳订货量 $Q^{(1)}$，本小节假设银行提供的是一种非线性的融资方案 r(B)（或 m(y)）。如果资金约束的供应链选择向银行贷款融资，由于 m 是 y 的函数，则 π_C 的一阶条件为：

$$\bar{F}(Q)\left(m+y\frac{dm}{dy}\right)=c\bar{F}(y) \tag{3-11}$$

为实现供应链的协调，必须使得$\bar{F}(Q)=\dfrac{c}{p}$，因此有：

$$m+y\frac{dm}{dy}=\frac{dM}{dy}=p\bar{F}(y) \tag{3-12}$$

为便于计算，引入函数 g(y)，令 $g(y)=\int_0^y\bar{F}(y)dx$，则式（3-12）可以表示为：

$$M=cQ^{(1)}-\eta=my=pg(y)-K$$

因此，均衡状态下资金约束供应链的期望利润 π_C^* 为：

$$\begin{aligned}\pi_C^* &= -\eta + p\int_y^{Q^{(1)}}\bar{F}(x)dx \\ &= -\eta + p[g(Q^{(1)}) - g(y)] \\ &= -\eta + pg(Q^{(1)}) - my - K = \pi_1 - K\end{aligned} \tag{3-13}$$

式中，$\pi_1 = pg(Q^{(1)}) - \eta - my$。此时银行的期望利润 π_B^* 为：

$$\pi_B^* = p\int_0^y\bar{F}(x)dx - my = pg(y) - my = K \tag{3-14}$$

式中，my 为银行贷款金额，也就是银行的成本，pg(y) 为资金约束的链上企业违约时银行收到的惩罚金额期望值。求式（3-13）与式（3-14）的和可以得到整个系统总的期望利润：

$$\pi_C^* + \pi_B^* = p\int_0^Q\bar{F}(x)dx - cQ^{(1)} = pg(Q^{(1)}) - cQ^{(1)} = \pi_1 \tag{3-15}$$

式中，$cQ^{(1)} = \eta + my$。对比链上企业选择不向银行贷款时的期望利润 π_C^*：

$$\pi_C^\eta = -\eta + p\int_0^{\eta/c}\bar{F}(x)dx = -\eta + pg(\eta/c) < \pi_1 \tag{3-16}$$

由此可知，K 为银行从供应链系统的期望利润中分配到的份额。

此外，由于 $0 < \eta < cQ^{(1)}$ 时 π_C^η 随 η 单调递增且 π_1 是固定不变的，对于博弈双方的任何交易银行都能够通过适当的激励手段（$0 < K < \pi_1 - \pi_C^\eta$）实现供应链系统协调。同样由于 π_C^η 与 η 的单调关系，K 的上限 $\pi_1 - \pi_C^\eta$ 随 η 的增大而减小，而当 K = 0 时，$\pi_B^* = pg(y) - my = 0$。因此，类似经典的二部定价方法（Two-part Tariff）可以将 m 解释为银行提供给资金约束供应链额度为 $cQ^{(1)} - \eta$ 的贷款收支相抵后的价格，K 为银行从资金约束供应链因贷款获得的利润中收取的期望费用。

由此得到结论：假设银行提供给资金约束供应链的贷款 $M = cQ^{(1)} - \eta = p\int_0^y\bar{F}(x)dx - K$，则当 $0 < K < \pi_1 - \pi_C^\eta$ 且 $0 < \eta < cQ^{(1)}$ 时，博弈双方的利润分别为 $\pi_B^* = K$，$\pi_C^* = \pi_1 - K$，该融资方案实现了资金约束供应链的系统协调。

第三节　存货质押业务中银行与第三方物流企业间的博弈分析

以上分析都是基于“理性参与人”即各参与方均以自身利益最大化的原则进行决策，而作为博弈的领导者，在满足银行自身利益最大化的前提下并不能保证供应链上所有企业的利润不受影响。银行依据所有贷款用于生产运营的条件制定策略，但在发放贷款后银行并不能够保证资金的流向和使用情况，很难控制供应链上企业违约的可能性，导致银行风险无法控制，从而降低了银行批准贷款的可能性。因此，本部分希望通过类似供应契约的协调方式，应用博弈论中的委托代理理论对银行提供的存货质押融资业务方式进行优化和重组，通过缔结契约的方式合理分配利润，分担风险，激励各参与方共同参与契约从而实现自身收益最大化和整个资金约束供应链系统的协调。

契约模型的建立过程依据各参与方参与博弈的过程，首先建立银行与第三方物流企业以及银行与融资企业两个子契约模型，其次将其合并为完整的三方存货质押契约。下面考虑通过分析银行的存货质押融资业务中的参与方——银行与第三方物流企业的收益情况首先建立银行与第三方物流企业间的子契约模型。

一、存货质押融资业务各参与方收益分析

本部分考虑的存货质押融资业务的参与方除服装供应链上的融资企业外，还包括提供存货质押融资业务的金融机构（如银行）以及负责质押物监管和流通的第三方物流企业。

参考于萍等研究存货质押贷款中信贷人与物流企业的合约选择时建立

的模型，并考虑第三方物流企业的努力水平和质押物的流动性风险对双方收益的影响，定义基本参数如下：

p：质押存货的期末价格，其均值为$\bar{p}$，密度函数为 h(p)；

q：质押的存货数量；

r：贷款名义利率；

k：质押率；

a：第三方物流企业的努力水平（$a \in [0, 1]$，a = 1 表示第三方物流企业基于自身利益的考虑对融资企业进行最严格的监管并承担所有风险；a = 0表示第三方物流企业只负责货物仓储，不承担任何风险，相当于银行直接对融资企业进行监管）；

M：存货质押融资的贷款总额，且 $M = k\bar{p}q$；

θ^a：融资企业在第三方物流企业努力水平为 a 时的违约意愿；

P(p，a)：融资企业违约的概率，为质押物价格和第三方物流企业努力水平的函数；

W：融资企业违约时质押存货的期望价值；

λ：流动性风险系数。

此外，根据模型需求做如下假设：

（1）信息不完全对称，即银行不能观测到第三方物流企业的行动即其努力水平 a，且假设第三方物流企业的服务成本 C 为努力水平 a 的线性函数 C(a) = aC（C 为常数）。

（2）第三方物流企业付出的努力越多，融资企业违约的概率就越小，且违约概率内生，即只要质押物的价格小于贷款的本息和融资企业就一定会违约。

（3）质押物具有流动性风险，即契约交易终止时银行处理质押物所得资金低于其市场价值，流动性风险以系数 λ 表示，且有 $0 \leqslant \lambda \leqslant 1$。

（一）融资企业的收益分析

根据上述假设，资金约束的供应链上企业的违约概率 P(p，a) =

$\theta^a\int_0^{M(1+r)/q}h(p)dp$，令$\bar{P}_p=\int_0^{M(1+r)/q}h(p)dp$，则违约概率可以表示为$P(p, a)=\theta^a\bar{P}_p$。当努力水平 a = 0 即第三方物流企业只负责仓储并不履行监管责任时，链上融资企业的违约概率就等于期末质押存货的价值小于贷款本息和的概率；当 a = 1 即第三方物流企业尽其最大的努力监管链上的融资企业时，则融资企业的违约概率为企业基于自身利益考虑选择违约的意愿与期末质押存货价值小于贷款本息和的概率二者的乘积。据此得出链上融资企业违约时质押存货的期望价值$W=\frac{q}{P(p, a)}\int_0^{M(1+r)/q}ph(p)dp$。质押存货的流动性风险即融资企业违约后银行处理质押存货的风险，考虑以质押存货的变现价值 λW 表示。

(二) 银行的收益分析

银行仍是博弈的领导者，因此需要设计合适的激励机制促使第三方物流企业以尽可能大的努力水平对供应链上的资金流和链上企业的运营状况进行监管，从而实现博弈各方利润最大化和整个供应链系统的协调。依据已知变量和前提假设，设计第三方物流企业的激励函数 $I(r)=\alpha+\beta Mr$，其中 α 为第三方物流企业的固定收入，β 为激励（或惩罚）系数。如果融资企业不违约，银行按时收到贷款本息后需要支付给第三方物流企业一定的代理费用；当融资企业违约时，银行为尽可能回收资金会变现融资企业质押的存货，并对第三方物流企业进行惩罚，使其承担部分损失，由此得到银行的期望收益为：

$$\begin{aligned}\pi_B&=(M(1+r)-I(r))(1-P(p, a))+P(p, a)(W-\lambda W)+P(p, a)\\&\quad\beta(M-(W-\lambda W))-M\\&=(M(1+r-r\beta)-\alpha)(1-P(p, a))+P(p, a)\\&\quad(1-\lambda)W+P(p, a)\beta(M-(1-\lambda)W)-M\end{aligned}\tag{3-17}$$

(三) 第三方物流企业的收益分析

相对应的，融资企业不违约时第三方物流企业就能够得到代理费用，而当融资企业违约时，第三方物流企业需要依约分担银行的部分损失，所以，第三方物流企业的期望收益为：

$$\pi_L = I(r)(1 - P(p,\ a)) - P(p,\ a)\beta(M - (W - \lambda W)) - C(a)$$
$$= (\alpha + \beta Mr)(1 - P(p,\ a) - P(p,\ a)\beta(M - (1 - \lambda)W) - C(a) \quad (3\text{-}18)$$

二、银行与第三方物流企业间的存货质押契约选择

通过上述收益分析可知，银行与第三方物流企业之间的利润分成是促成存货质押融资业务形成的关键，因此本部分首先考虑银行与第三方物流企业之间存货质押契约关系的选择。按照博弈过程建立银行与第三方物流企业之间的契约规则、确定相关参数及取值。由于银行是博弈的领导者和契约的制定方，所以契约模型应该是建立银行期望利润最大化函数。由于资金约束的供应链内部各节点企业的博弈可由供应契约描述，所以本节仅考虑银行与第三方物流企业之间的契约关系。下面将首先分析基于委托—代理理论的存货质押契约模型，并在保证双方收益的基础上，选择适合服装供应链的契约合作方式。

（一）基于委托—代理理论的存货质押契约模型

依据委托—代理理论，要缔结的存货质押契约还必须要保证第三方物流企业作为代理人的利益，即满足参与约束（Individual Rationality Constraint，IR）和激励相容约束（Incentive Compatibility Constraint，IC）。

根据参与约束的定义，第三方物流企业从存货质押契约关系中得到的期望收益不能够小于不接受该契约的情况下可获得的期望收益，即：

$$I(r)(1 - P(p,\ a)) - P(p,\ a)\beta(M - (W - \lambda W)) - C(a) \geqslant C(a)r_f \quad (3\text{-}19)$$

式中，r_f 为无风险利率。同样根据激励相容约束的定义，要缔结的存货质押契约在使得第三方物流企业从契约中得到的收益大于其选择其他方式时能够获得收益的同时，还必须要保证作为委托人的银行的利益最大化。第三方物流企业的期望利润为：

$$\pi_L = I(r)(1 - P(p,\ a) - P(p,\ a)\beta[M - (W - \lambda W)] - C(a) \quad (3\text{-}20)$$

分别求式（3-20）的一阶和二阶偏导数，有：

$$\frac{\partial \pi_L}{\partial a} = -[(\alpha+\beta Mr)+\beta(M-(1-\lambda)W)]\cdot \bar{P}_p\theta^a \ln\theta - C'(a) \tag{3-21}$$

$$\frac{\partial^2 \pi_L}{\partial a^2} = -[(\alpha+\beta Mr)+\beta(M-(1-\lambda)W)]\cdot \bar{P}_p\theta^{2a} \ln^2\theta - C''(a) \tag{3-22}$$

根据假设，服务成本函数 $C(a)=aC$，所以有 $C'(a)=C$，$C''(a)=0$，则式（3-22）小于 0，式（3-20）的函数为凹函数，在其一阶导数为 0 时取得极值，即激励相容约束可以化简为：

$$C = -[(\alpha+\beta Mr)+\beta(M-(1-\lambda)W)]\cdot \bar{P}_p\theta^a \ln\theta \tag{3-23}$$

由此得到基于委托—代理理论的银行与第三方物流企业间的存货质押子契约模型：

$$\pi = \max_{\alpha,\beta}\{(M(1+r-r\beta)-\alpha)(1-P(p,a))+P(p,a)(1-\lambda)W + P(p,a)\beta(M-(1-\lambda)W)-M\}$$

$$\text{s.t.}\begin{cases}(\alpha+\beta Mr)-[(\alpha+\beta Mr)+\beta(M-(1-\lambda)W)]\cdot P(p,a)\\ =C(a)(1+r_f)-[(\alpha+\beta Mr)+\beta(M-(1-\lambda)W)]\cdot \bar{P}_p\theta^a\ln\theta = C\end{cases} \tag{3-24}$$

求解该模型可得：

$$P(p,a) = \frac{(1-\lambda)\ln\theta\cdot q\int_0^{M(1+r)/q} ph(p)dp - C\bar{P}_p}{(\alpha+M\beta r+M\beta)\ln\theta} \tag{3-25}$$

$$a = \frac{(\alpha+M\beta r)\ln\theta + C\bar{P}_p}{C(1+r_f)\ln\theta} \tag{3-26}$$

（二）银行与第三方物流企业的契约选择

在银行与第三方物流企业形成的存货质押契约关系中，第三方物流企业履行质押存货的仓储和监管两部分职能，其中的仓储职能也可由供应链上的企业完成，并不是第三方物流企业参与契约的必要条件，而第三方物流企业的监管职能主要体现为信息服务功能。通过第三方物流对供应链上的物流和资金流信息的监管，能够降低银行在存货质押契约中的质押物价格风险和流动风险，有利于提高契约各参与方的收益。银行现有业务中提供了三种与第三方物流企业的合作方式，对应上节建立的契约模型中激励函数各参数的取值，分析各合作方式下契约缔结的条件。

1. 固定委托费用

不论从供应链融资过程中获得的收益多少，银行都支付给第三方物流企业固定的委托费用，即激励函数 I（r）的固定成本系数 $\alpha \neq 0$，激励系数 $\beta = 0$，银行与第三方物流之间形成实质的雇佣关系。在该前提下，银行的期望收益为：

$$\pi_B^{(1)} = (M + Mr - \alpha) + (1 - \lambda) \cdot q \int_0^{M(1+r)/q} ph(p)dp - \frac{(M + Mr - \alpha)\left((1 - \lambda)\ln\theta \cdot q \int_0^{M(1+r)/q} ph(p)dp - C\bar{P}_p\right)}{\alpha \ln\theta} - M \tag{3-27}$$

分别求其关于固定成本 α 的一阶和二阶偏导数，有：

$$\frac{\partial \pi_B^{(1)}}{\partial \alpha} = -1 + \frac{(M + Mr)\left((1 - \lambda)\ln\theta \cdot q \int_0^{M(1+r)/q} ph(p)dp - C\bar{P}_p\right)}{\alpha^2 \ln\theta} \tag{3-28}$$

$$\frac{\partial^2 \pi_B^{(1)}}{\partial \alpha^2} = \frac{-3}{\alpha^3} \frac{(M+Mr)\left((1-\lambda)\ln\theta \cdot q \int_0^{M(1+r)/q} ph(p)dp - C\bar{P}_p\right)}{\ln\theta} < 0 \tag{3-29}$$

所以当式（3-28）等于 0 时，银行的期望收益取得最大值，此时的固定成本 α_1 和第三方物流企业的努力水平 a_1 分别为：

$$\alpha_1 = \sqrt{\frac{\ln\theta}{(M + Mr)\left((1 - \lambda)\ln\theta \cdot q \int_0^{M(1+r)/q} ph(p)dp - C\bar{P}_p\right)}} \tag{3-30}$$

$$a_1 = \frac{\alpha_1 \ln\theta + C\bar{P}_p}{C(1 + r_f)\ln\theta} \tag{3-31}$$

2. 分成契约

第三方物流企业提供信息服务，履行监管职能，与银行共同分享存货质押业务带来的收益并分担风险。第三方物流企业所有的收益都来源于链上企业与银行之间的存货质押交易，银行并不支付额外的委托费用，两者之间是博弈合作的关系，即激励函数中的固定成本项 $\alpha = 0$，而激励系数

$\beta \neq 0$。这种情形下银行的期望收益为：

$$\pi_B^{(2)} = (M + Mr - M\beta r) + (1-\beta)(1-\lambda)\cdot q\int_0^{M(1+r)/q} ph(p)dp - \frac{(1-\beta)\left((1-\lambda)\ln\theta\cdot q\int_0^{M(1+r)/q} ph(p)dp - C\bar{P}_p\right)}{\beta\ln\theta} - M \tag{3-32}$$

同样分别求其对激励系数 β 的一阶和二阶导数，可知其二阶导数小于0，所以当其一阶导数等于0时求得最大值，此时激励系数 β_2 和第三方物流企业的努力水平 a_2 分别为：

$$\beta_2 = \sqrt{\frac{(1-\lambda)\ln\theta\cdot q\int_0^{M(1+r)/q} pg(p)dp - C\bar{P}_p}{\ln\theta\left(Mr + (1-\lambda)\cdot q\int_0^{M(1+r)/q} ph(p)dp\right)}} \tag{3-33}$$

$$a_2 = \frac{M\beta_2 r\ln\theta + C\bar{P}_p}{C(1+r_f)\ln\theta} \tag{3-34}$$

3. 固定租金契约

第三方物流企业除需支付给银行固定的成本费用外，获取存货质押业务的剩余收益，这种契约方式中第三方物流企业承担所有风险，双方关系的实质是一种授信关系，相当于银行直接贷款给第三方物流企业，而第三方物流企业再以存货质押的方式转贷给供应链上的融资企业，银行与第三方物流企业之间的委托—代理关系发生逆转，激励函数中的固定成本参数 $\alpha < 0$，而激励系数 $\beta = 1$，此时银行的期望收益为：

$$\pi_B^{(3)} = (M - \alpha) + \frac{\alpha\left((1-\lambda)\ln\theta\cdot q\int_0^{M(1+r)/q} ph(p)dp - C\bar{P}_p\right)}{(\alpha + Mr + M)\ln\theta} - M \tag{3-35}$$

同理得到固定租金契约下银行期望收益取得最大值时激励函数中的固定成本参数 α 和第三方物流企业努力水平 α 的取值分别为：

$$\alpha_3 = -M(1+r) + \sqrt{\frac{\ln\theta}{(M + Mr)\left((1-\lambda)\ln\theta\cdot q\int_0^{M(1+r)/q} ph(p)dp - C\bar{P}_p\right)}} < 0 \tag{3-36}$$

$$a_3 = \frac{(\alpha_3 + Mr)\ln\theta + C\bar{P}_p}{C(1 + r_f)\ln\theta} \tag{3-37}$$

银行与第三方物流企业之间的契约形式选择根据各自获取信息的能力状况。在存货质押融资业务实际操作过程中，当银行信息能力不足，第三方物流企业具有明显的信息优势，且其努力水平对银行的期望收益影响较大时，一般采用分成契约；当银行具备一定的信息能力，能够对第三方物流企业的努力水平进行有效监督时，选用固定委托费用契约；如果与自身的信息能力相比，第三方物流企业的信息能力对银行的期望收益更为重要，则采用固定租金契约更为适宜。

上述银行与第三方物流企业的存货质押分成契约涉及成本、订货量、风险系数等各类参数，数目众多，相互约束，在供应链实践中的可操作性受到很大制约，因此希望找到包含参数更少的等价契约模型。基于同样的原因，银行在进行动产质押相关业务时选择的决策指标也通常都与利率相关，包括质押率、贷款利率和贷款期限。因此，本部分在上述契约形式的基础上进行改进，得到新的存货质押融资契约。

第四节　银行与第三方物流企业间改进的存货质押融资契约

本部分假设的前提条件为销售期末清偿所有贷款本息，并未考虑贷款期限对融资企业的激励影响，因此，银行与第三方物流企业之间的契约形式为｛r，k｝。

一、存货质押融资契约模型

令 r_B 和 r_L 分别表示银行和第三方物流企业的期望贷款利率，则在分成契约形势下式（3-24）的目标函数为：

$$\pi_B = M(1+r-r\beta)(1-P) + P(1-\lambda)\frac{q}{P}\int_0^{M(1+r)/q} ph(p)dp + P\beta\left(M-(1-\lambda)\frac{q}{P}\int_0^{M(1+r)/q} ph(p)dp\right) = M(1+r_B) \tag{3-38}$$

整理得出银行的期望贷款利率 r_B 为：

$$r_B = (1-\beta)\left[(1-P)r - P + (1-\lambda)\frac{\int_0^{k\bar{p}(1+r)} ph(p)dp}{k\bar{p}}\right] \tag{3-39}$$

式中，k 为货物质押率。求式（3-39）对利率 r 的一阶和二阶偏导数有：

$$\frac{\partial r_B}{\partial r} = (1-\beta)[(1-P) - \lambda k\bar{p}(1+r)h(k\bar{p}(1+r))] \tag{3-40}$$

$$\frac{\partial^2 r_B}{\partial r^2} = (1-\beta)[-(1+\lambda)h(k\bar{p}(1+r))\cdot k\bar{p} - \lambda k\bar{p}(1+r)h'(k\bar{p}(1+r))\cdot k\bar{p}] \tag{3-41}$$

缔结存货质押契约的前提是贷款本息和小于质押存货的市场价值，即 $k\bar{p}q(1+r)\leqslant\bar{p}q$，因此有 $k(1+r)\leqslant1$，由 $g(\cdot)$ 单峰对称的性质，可知不等式 $h'(k\bar{p}(1+r))\geqslant0$ 及 $h'(k\bar{p}(1+r)) > \frac{(1+\lambda)h[k\bar{p}(1+r)]}{\lambda k\bar{p}(1+r)}$成立，$r_B$ 的二阶导数式（3-41）小于 0，在 r_B 的一阶导数为 0 即 $1-P=\lambda k\bar{p}(1+r)h[k\bar{p}(1+r)]$ 时取得最大值，根据上述分析得出分成形势下银行与第三方物流的契约可以等价地表示为以下非线性规划问题：

$$\max r_B(r,\ k) = (1-\beta)\left[(1-P)r - P + (1-\lambda)\frac{\int_0^{k\bar{p}(1+r)} ph(p)dp}{k\bar{p}}\right]$$

$$\text{s.t.}\quad 1-P=\lambda k\bar{p}(1+r)h(k\bar{p}(1+r)) \tag{3-42}$$

采用拉格朗日方法（Lagrange's Method）求解式（3-42）的约束优化问题。首先构造拉格朗日函数 $L(r,\ k,\ \xi) = r_B(r,\ k) + \xi[1-P-\lambda k\bar{p}(1+r)h$

$(k\bar{p}\ (1+r))]$，然后应用 KKT 条件求满足 $\frac{\partial L}{\partial r}=0$，$\frac{\partial L}{\partial k}=0$ 和 $\frac{\partial L}{\partial \xi}=0$ 的名义利率 r^* 和质押率 k^* 满足：

$$(1+r)[(1-\lambda)k(1-k\bar{p})-\bar{p}(1-\bar{p}(1+r))]=\frac{(1-\lambda)(1-k\bar{p})}{\bar{p}}\cdot\frac{\lambda}{1-P}\int_0^{k\bar{p}(1+r)}ph(p)dp \tag{3-43}$$

由于价格分布及违约概率都是 r 和 k 的函数，因此无法通过数理推导得出最优解的显函数表达式，但对于具体问题可以通过迭代递归的算法得到其最优解的取值，利用 Matlab 对上述拉格朗日方法仿真的程序代码见附录二。最后将得到的名义利率 r^* 和质押率 k^* 分别代入式（3-38）和式（3-39）求得银行期望利率 r_B 和期望利润 π_B 的最大值。

二、算例分析

结合服装产品市场信息，沿用第二章供应契约算例中的各契约参数取值并假设在存货质押贷款业务中银行和第三方物流企业存在良好的合作关系，质押服装产品的销售价格符合正态分布，押存货的监管费用直接折算计入贷款利率，银行可获实际利率近似于贷款利率，因此在计算过程中将银行的期望利率作为贷款利率。假设质押服装产品的市场价值 p 遵从均值 $\bar{p}=\mu=100$ $\sigma=10$ 的正态分布，即 $p\sim N(100,\ 10^2)$，质押物的期末零售价格在（70，130）的范围内波动，质押服装产品的流动性风险系数 λ 固定（令 $\lambda=0.1$），则依据上述分析过程利用 Matlab 仿真，计算过程呈现很好的收敛性，仿真结果为：该服装产品的质押率 k 约为 0.7，名义利率 r 约为 0.14。

本章小结

本章从博弈论的视角出发考察了存货质押融资业务各参与方之间的风险分担和利润分成关系，将存货质押融资业务由融资企业与银行之间的博弈拓展为资金约束的供应链、银行和第三方物流企业之间的多方博弈，并将博弈过程分解为两个层次。首先将第三方物流企业视为银行的利益共同体，第一层次考虑银行与资金约束的供应链的博弈过程；其次分别考虑将博弈双方内部的子博弈视为第二层次。由于资金约束的供应链内部各节点企业的博弈可由供应契约描述，本章只分析了银行与第三方物流企业之间的子博弈。参考供应契约的激励机制，建立了银行与第三方物流企业之间的子契约模型 $\{r, k\}$，为下文缔结存货质押契约模型奠定基础。

第四章　服装供应链的融资模式及其存货质押契约

以上章节分别讨论了银行与资金约束的供应链、银行与第三方物流企业及供应链内部各节点企业之间的博弈关系，下面有针对性地考虑出现资金约束问题时服装供应链的应对策略。

第一节　服装供应链

有鉴于产品的特殊性，供应链管理相关研究在纺织服装业（Textile and Apparel Industry）得到了广泛重视，2004 年欧盟委员会资助了“纺织生产和供应链”研究计划，以期构建一个能够适应需求变化的高级服装供应链，将世界各地的纺纱、织布、染色、辅料加工和成衣制造等相关企业都纳入进来，通过整个供应链的合作实现业务流程重组。通常的纺织服装供应链（Textile and Apparel Supply Chain）如图 4–1 所示，都是以服装制造商作为核心企业，其上游为面辅料制造商或供应商，下游则是服装批发商或零售商。在本部分的研究中，不失一般性，只考虑服装制造商与零售商之间组成的二级供应链。

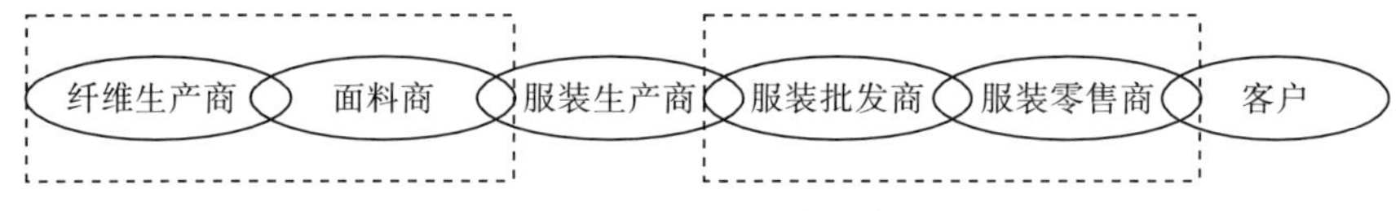

图 4-1 常见的服装供应链

服装的产品特性、市场和供应链上节点企业之间的关系等方面的特殊性使得服装供应链有其区别于其他供应链的特点，具体表现在以下几个方面。

一、服装产品的特殊性

服装产品是用于满足服装消费者物质和精神需求的商品，随着社会发展和技术进步，服装呈现出越来越复杂的价值和效用特征。例如：

（1）服装产品属于季节性产品。在每一销售季节，服装产品都有其跟季节相关的共同特征，以适应气候、环境等因素的变化。

（2）服装产品具有高附加值、高利润的特征。品牌能够带给服装产品的利润空间相当可观，对于成本相差无几而品牌不同的服装产品，其价格可能从几十元到上万元不等。除此之外，品牌还能够不同程度地影响消费者的心理状态和精神状态。

（3）不同的服装产品呈现不同的功能特征，功能差异不由设计的复杂决定，而由面料、颜色和细节的变化决定。

（4）影响服装产品意识形态方面的因素逐渐增多，使得消费者的主观评估成为衡量服装产品价值的主流标准。

（5）服装产品具有明显的年龄特征、季节特征和文化特征，适合不同类型的消费群体。

（6）不同的服装产品生命周期也不尽相同，个性化潮流也使得服装产品的生命周期呈现变短趋势。

二、服装市场的特殊性

服装市场是指有服装购买需求、欲望和购买能力的消费者，是基础性的消费市场。其特点如下：

（1）服装是生活必需品。

（2）从数量计，服装市场是最大的日用品消费市场。服装市场分布广泛，店铺林立，从业人员数量巨大。

（3）不同的消费群体，对服装的需求呈现出产品功能差异多样性。

（4）影响服装市场的因素不确定，有自然的、文化的、经济的、政治的、宗教等。这些因素的变化使得服装市场有时呈现强烈的群体传播性，有时表现出令人惊讶的很短的市场寿命。

（5）消费需求个性化越来越强烈，市场分化程度越来越细。

（6）我国的高档服装市场基本被国际品牌占据，这些国际品牌常年拥有我国服装市场超额利润部分的优势。

三、供应链节点关系的特殊性

服装供应链上节点企业之间的关系呈现出不同于其他供应链的特征，具体表现为节点之间联系的紧密性，例如：

（1）服装产品呈现小批量生产、高频率配送的特点，由此导致服装供应链上各相邻节点之间接触频繁，对信息共享化程度要求较高。

（2）服装供应链上的节点企业虽然各有分工，但它们应对的是共同的最终市场。每个节点企业需要的需求信息都来自最终市场，利润的实现也都是通过最终市场。

（3）服装供应链上各企业相互依存，上游企业的生产运作需要下游企业的支撑，下游企业的营销需要上游企业的帮助。

服装供应链的研究是供应链管理的应用实例和特殊子集，研究供应链管理的一些通用方法也适用，同时针对其特殊性，服装供应链管理的相关研究也具有一定特殊性。

第二节　服装供应链融资方式的选择

一、供应链金融的基本融资模式

供应链金融是金融机构提供的一系列与供应链管理相关业务的统称。根据中小企业在供应链运行过程中的资金流向和发生资金缺口的业务节点（见图 4-2），针对中小企业运营周期和运营特点，供应链融资可以分为基于应收账款、存货及预付款三类融资模式。

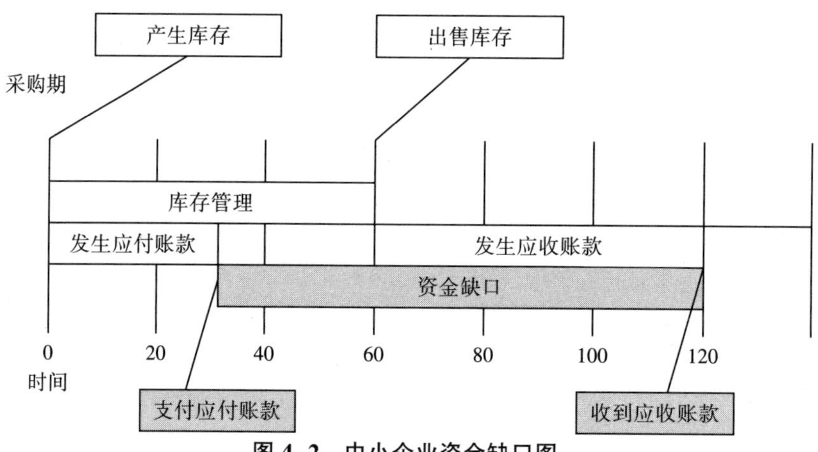

图 4-2　中小企业资金缺口图

（1）基于应收账款的融资主要发生在从“出售库存”到“收到应收账款”之间，是一种将供应链上节点企业之间的债权作为质押物进行的融资。

（2）基于存货的融资主要发生在“支付应收账款”与“出售库存”之间，在这期间融资企业有相对充足和稳定的存货，因此可以采用将存货作为质押物的融资方式，其本质是一种动产质押。动产质押也是一种实物质押，能够最大限度降低银行的信用风险，而且由于包括原材料、中间产品和产成品在内的存货发生在供应链运行的各个环节，对融资时间和节点没有限制，因此是较为稳定和灵活的银企合作方式。

（3）基于预付款的融资模式主要是在“发生应付账款”期间，此时处于产品生产阶段，处在上游的生产商通常要求下游企业预付部分货款用于购买生产所需原材料等，所以可以将预购货物作为质押进行融资。

围绕以上供应链融资模式衍生出了很多具体的金融业务，融资企业可以根据所在供应链及企业自身实际运营情况选择合适的供应链金融业务方式。

联系服装供应链的具体实践，链上企业多为中小企业，信用水平普遍偏低，核心企业不可能为每个出现资金约束的企业提供担保。同时考虑到每个节点企业都各自拥有存货，从银行和核心企业的角度出发可以认为存货质押融资业务是服装供应链上的节点企业解决资金缺口问题较为现实的选择。下面从需要融资的中小企业角度考虑存货质押融资方式在服装供应链融资中的可行性。

二、服装企业融资方式选择要素

通常融资企业选择融资方式时考虑的不外乎以下几种因素。

首先，企业自身的需求，考虑服装供应链上中小企业的资产结构，它们拥有的固定资产通常都非常有限，很难找到合适的担保，只能选择非信用担保类的融资方式。而流动资产部分大多用于购买或占有存货，当出现资金缺口时，为维持生产和供应链的资金流动，服装供应链上的中小企业从自身需求出发只能选择存货质押的融资方式。

其次，需要考虑融资企业存货的性质，服装供应链上的存货仅包括面辅料和成衣产品两大类，无论哪种存货都满足存货的形状和品质统一以及容易保存的特点，面辅料价格稳定易于变现，而成衣产品的价格波动虽然会给银行变现带来不便，但通过供应契约协调的方式能够实现对产品价格的有效管控。因此，服装供应链上的存货也满足存货质押融资方式中对于质押物性质的要求。

再次，需要审视融资企业与供应链上的核心企业的关系。特别是对于服装供应链这种除核心企业外链上其他企业实力都比较薄弱的供应链而言，整个供应链系统的成败很大程度上取决于核心企业的竞争力。银行在考察中小企业的资信水平时更多的会考虑核心企业的信用水平以及融资企业与链上核心企业之间是否具有长期稳定的合作关系。因此，与核心企业的关系也是融资企业选择融资方式的一个重要因素。

复次，需要考虑将要选择的融资方式的效率，主要是指融资方式的持续性和这种融资方式能够带给融资企业的收益，此外还需要考虑办理该业务的时效性和便利性。

最后，需要考虑的是第三方机构，在存货质押这种特殊的融资方式中，第三方监管机构是必不可少的，考虑到供应链运行的效率通常质押物监管和价值评估的责任由第三方物流承担。此外，第三方提供的电子商务平台也是服装供应链中信息管理的必要手段，因此在进行融资方式的选择时，第三方机构的效率也是必须要考虑的因素。

三、服装供应链融资方式选择模型

综上所述，为了解服装供应链上需要融资的中小企业对存货质押融资方式的认可程度，分析服装供应链上企业选择融资方式的影响因素，更好地为融资企业提供融资服务解决其资金缺口问题，本部分对服装供应链中的各个节点企业进行了融资模式选择的问卷调查。根据以上分析的影响因素，调查问卷设计的指标体系如表 4-1 所示，调查企业涉及服装供应链上从纤维生产商至服装零售商的各个节点、不同规模和不同年龄的企业，共回收有效问卷 108 份。经统计，接受调查的企业中规模在 500 人以下的中小企业占受访企业总数的 86.45%。此外，除作为服装供应链核心企业的生产商由于信用水平高很容易通过传统融资方式获得资金来源外，链上 78.92%的其他节点企业选择将会或者持续采用存货质押融资方式解决企业资金缺口问题。

表 4-1　服装供应链上企业融资方式选择意愿统计指标

变量名称	说明	影响因子	说明
Demand	融资企业自身需求	DW1	总资产中存货的比重
		DW2	总资产中固定资产的比重
		DW3	资金缺口
		DW4	融资渠道缺乏程度
Stock	存货的质押性质	SP1	质押物品质
		SP2	存货保存难度
		SP3	存货价格稳定性
		SP4	存货变现难易程度
		SP5	存货的市场竞争能力
Relate	与核心企业的关系	RC1	核心企业竞争力
		RC2	能够提供融资支持
		RC3	信息共享程度
		RC4	合作稳定程度
Effic	融资模式的效率	EF1	适合程度
		EF2	可持续性
		EF3	收益
		EF4	办理过程的便利性
3PL	第三方机构的效率	PL1	监管能力
		PL2	业务素质
		PL3	距离影响
		PL4	价值评估合理性
		PL5	信息化程度
Select	融资企业选择意愿	SW1	认可程度
		SW2	选用或持续选用的可能性
		SW3	推荐程度

为分析各个指标对中小企业融资模式选择结果的影响程度和服装供应链上需要融资的企业对存货质押这种融资方式的认可程度，本部分首先采用 SPSS 17.0 对问卷调查结果进行统计分析。分析结果显示，各变量的

Cronbach α 和 KMO and Bartlett 系数均大于 0.7，即各变量都具有较好的信度和效度。下面将采用结构方程（SEM）方法，对各变量及其影响因子之间的关系进行分析，利用 AMOS 17.0 工具建立的融资方式选择模型如图 4-3 所示。

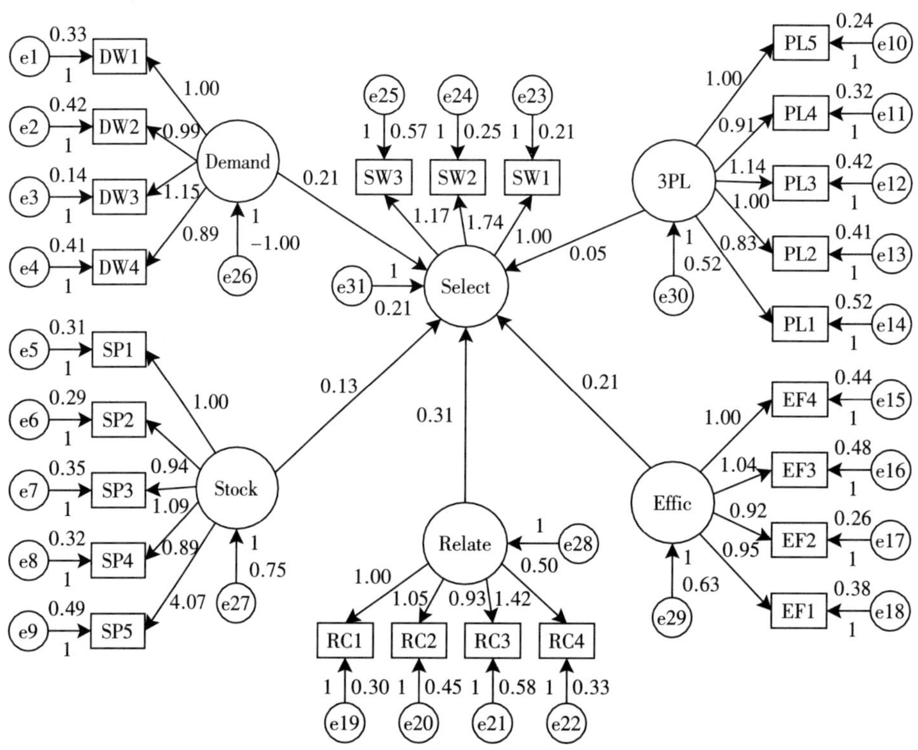

图 4-3　AMOS 建立的融资方式选择模型

根据结构方程的分析结果可见，融资企业自身需求 Demand、存货的质押性质 Stock、与核心企业的关系 Relate、融资模式的效率 Effic 同融资企业选择意愿 Select 之间的关系方向均为正向，且其显著性均通过检验（显著性水平<0.05），因此可以认为融资企业对融资方式选择的意愿与上述因素是正相关的。而第三方机构的效率 3PL 虽与融资企业的选择意愿 Select 两者之间存在正向关系（0.05），但其显著性水平为 0.487，因此认为两者之间无显著关系。

观察各影响因素的相关性排序可知，首先，对于企业进行融资方式选择最为重要的影响因素是融资企业与服装供应链核心企业之间的关系。容易理解，存货质押融资作为供应链金融的具体操作方式，从其授信到收益分配都是基于整个供应链考虑的。一方面，核心企业的信用水平是银行对中小企业授信时考量的关键因素，即使融资企业不能从核心企业处获得担保等直接的融资支持，但只有与其保持长久稳定的合作关系，增强整个供应链的市场竞争力，才能获得偿还贷款的能力和银行的信任；另一方面，将质押所得资金用于解决供应链资金缺口问题，增强供应链上的资金流动能力，才能真正增强融资企业的获利能力，而服装供应链的核心企业是供应链整体收益的关键所在。

其次，融资企业自身的需求，服装供应链中的企业多为中小企业，大多数企业拥有的资产总数特别是固定资产十分有限，链上的资产多以面辅料及服装等动产库存的形式存在，因此链上企业无法依靠传统的不动产抵押获取贷款的融资方式解决资金约束问题，只能通过存货质押融资这种方式在解决资金缺口问题的同时促进资金和物料流动，从而实现供应链系统的良性循环，促进系统效益的提升。

再次，融资模式的效率，这一效率往往因融资企业在供应链中的不同角色而有所区别，而节点企业的角色会因其与上下游企业的供需关系而发生变化，例如面辅料供应商，当考虑其与上游企业纤维制造商之间的关系时，面辅料供应商为生产商是买方节点，而在考虑与服装制造商的关系时，它为供应商是卖方，因此在做融资模式的选择时需要综合考虑。此外，在选择融资模式时除了要解决企业当前的融资需求外，还需要考虑到融资的便利性和可持续性，服装供应链涉及节点企业众多且多为中小企业，只有与存货相关的质押融资才有可能实现银行对中小企业持续性的资金支持。另外，由于有动产作为质押银行风险降低，无须经过烦琐的认证手续，存货质押融资方式成为服装供应链上中小企业真正可行的融资手段。

复次，质押物的性质，由于服装供应链上的存货具有性状统一、容易保存、变现容易等特点，在质押过程中不会出现变质及价值减损等问题，能够有效降低银行持有质物的风险，有利于融资企业做出将其作为质押物进行融资的选择。

最后，服装供应链上节点企业之外的第三方机构对融资方式选择的影响，由于融资企业偿还贷款后银行需要返还相应金额的质押物，为便于质押物正常流动不影响生产，银行通常都会选择第三方物流企业作为监管机构。而在现代物流中，第三方物流企业本就参与供应链的正常运行。因此，第三方机构对融资方式选择的影响并不显著，结构方程模型分析得到的结果也得以印证。

综上可知，在供应链运营过程中出现资金约束问题时，在诸多供应链金融的衍生业务中存货质押融资是服装供应链上企业最理想的融资方式。下面将描述第三方物流企业参与下的服装供应链存货质押融资方式的具体实施过程。

第三节　第三方物流企业参与下的服装供应链存货质押融资业务流程

存货质押融资业务，是指企业在没有足够的不动产或有价证券或第三方提供担保的情况下，将其所拥有的生产原料、存货、在产品或商品等动产，交由具有合法资格的物流仓储企业保管，向银行提供动产质押以获得银行贷款，并由银行、企业和专业物流公司三方签订相关协议的一类融资业务。我国的存货质押贷款由于社会信用机制的缺乏与法制的滞后，融资方的信用风险具有很大的不确定性，使得质物风险成为信贷风险的决定因素。此外，由于银行对质押物的监管和控制能力较弱，需要引入物流企业作为监管方参与贷款融资业务，实现风险获取的改进和风险控制的改进，才有可能实现融资企业、银行与第三方物流企业的共赢，但同时也会因此不可避免地出现监管风险。因此本部分希望通过合适的理论和数值模型找到三方利润和风险的平衡点，真正实现链上企业和整个供应链系统的协调运作。

服装供应链上的企业多为中小企业，其资产主要以产成品、原材料存货等动产形式出现，银行往往因为担心信用风险大而不愿为其提供贷款。而第三方物流企业由于贯穿整个供应链的采购、生产、销售等过程，对供应链的运营状况较为了解。因此，如果物流企业能够与银行合作，协助银行监管融资企业的实际运营情况，有助于降低融资企业的信用风险，能使银行愿意为供应链中资金不足的企业提供商业贷款。在这样的背景下，银行、物流企业以及供应链上、下游企业相互合作，开辟了基于供应链的存货质押融资业务。

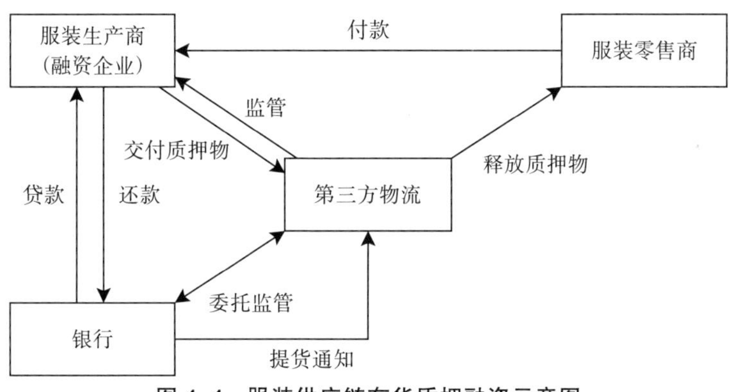

图 4-4 服装供应链存货质押融资示意图

结合服装供应链实践，假设服装制造商为融资企业，如图 4-4 所示的模型描述了在存货质押融资过程中该企业与其上游供应商、第三方物流监管方及银行之间的物流及资金流动关系。具体实施步骤如下：

（1）服装制造商根据企业资金需求及拥有情况向银行等金融机构提出存货质押融资申请，质押物既可以是原材料（面辅料），也可以是产成品（服装）。如果质押物为融资企业日常生产所需要的面辅料，通常会采用仓单质押的方式。将质押物存储在融资企业的仓库中，属于物权质押的范畴。另外，要考虑到质押物价值信息的可获取性，这里只考虑质押物为成衣产品的情形。

（2）银行等金融机构考察融资企业的经营状况及融资企业提供的质押物的市场价值和销售状况等，经审核后分别与服装制造商、第三方物流公司及供应链下游零售商签署相关协议，这些协议包括：与服装制造商签署存货质押贷款协议及违约情况下剩余质押物的处理（变卖或回购）协议，并将质押货物的所有权转移至银行；委托第三方物流公司存储和管理质押货物，并委托其监督融资企业的生产经营状况。

（3）依据上述合约内容，服装制造商将下游服装零售商所购买的货物发至第三方物流公司指定的监管仓库。

（4）银行发放相应数量的贷款给服装制造商用于生产经营。

（5）服装制造商根据自己的经营能力和产品销售情况向银行返还部分贷款，银行向零售商及第三方物流公司分别出具提货证明文件，第三方物流公司监管仓库释放相应比例的质押货物用于供应链上企业的生产（质押物为面/辅料）或销售（质押物为服装产品）。

第三方物流公司依照协议时刻保持对融资企业生产经营状况的跟踪监督，服装制造商根据自身生产和收益情况返还贷款，银行按照返还额度再释放相应比例的质押物。如此反复，直至所有质押货物全部清仓，服装制造商返还全部贷款，则合约结束，或者出现违约情况而导致合约不能正常结束，则转至（6）。

（6）若发生不良贷款，则第三方物流公司为避免风险和损失，要及时催收剩余货款。融资企业如不能按时归还贷款，银行根据协议可以自行处理剩余质押货物以减少损失。

根据上述模式，存货质押融资涉及服装供应链上相关企业、第三方物流公司和金融机构等多个决策主体，而银行现行的存货质押贷款业务着眼于银行的风险和收益，并未考虑其对整个供应链运营策略的影响。本部分希望基于供应链系统集成、协同运作与风险共担的管理思想，参考供应契约优化存货质押融资模型，建立基于供应链思想的存货质押契约，为服装供应链上的资金需求企业、物流企业及银行等提供金融物流延伸服务，改善服装供应链上企业的上下游关系，整合优化资金流、物流和信息流，从而达到三方共赢的局面。

加入第三方物流企业后，存货质押融资过程实质上可以描述为由资金约束的供应链、银行及第三方物流企业组成的三方博弈。链上企业以存货为质押物从银行贷款，银行将质押存货交予第三方物流企业实现了对质押物的转移占有，由第三方物流企业作为银行的代理人负责看管和监控质物。由于银行与第三方物流之间的委托—代理关系，可以将其视为利益共同体，因此在考虑他们之间的三方博弈时，首先将第三方物流企业和银行作为一个整体，分析在存货质押融资过程中融资企业和银行之间的博弈行为对各参与方收益的影响。

第四节　服装供应链的扩展存货质押契约协调模型

出于市场需求信息可获取性的考虑，本部分分析仅由服装制造商和零售商组成的二阶供应链采用存货质押融资方式产生的成本问题以及存货质押融资的利润分配和风险分担问题。由于服装供应链上的企业多为中小企业，链上企业或多或少地都存在资金约束的问题，对于零售商利用存货质押贷款的情况类似于服装制造商将面辅料作为质押物进行贷款的情形。因此，本部分在考虑由服装生产商和零售商组成的二阶资金约束供应链时，假设链上只有服装供制造商存在资金约束，即企业的自有资金不足以满足最优订货量的产品生产需求，且除信贷融资外并无其他资金来源，据此做出如下假设：

（1）假设服装制造商和零售商的自有资金分别为 η_M 和 η_R，根据供应契约基本模型，零售商需要支付给制造商的货款为 wQ，零售商自有资金足以支付货款即 $\eta_R \geqslant wQ$。

（2）由于服装制造商存在资金约束，则服装制造商需要通过贷款获得的资金 $M_M = cQ - \eta_M - wQ$。由于零售商自有资金大于货款部分并不参与供应链上的资金流动，因此视资金约束的服装供应链的自有资金 $\eta = \eta_M + wQ$，存货质押融资的金额 $M = M_M = cQ - \eta$。

（3）为降低成本，服装生产商会首先利用自有资金 η_M 安排生产，资金缺口 M 依据存货质押契约由银行贷款获得，而服装制造商依照最优订货量组织生产并将产品移交银行指定的第三方物流企业安排仓储和监管，随服装制造商分期偿还贷款，银行释放相应金额的存货，直至销售期末制造商偿还所有贷款本息，银行释放所有质押存货。

（4）银行与第三方物流企业之间采用分成形式分配利润。至销售期末，服装制造商清偿融资金额 M 的本金和利息，银行则依据契约支付委托费用给第三方物流企业。

由于银行与第三方物流企业的利润均从供应链运行中得到，因此将银行和第三方物流企业加入服装供应链作为节点企业参与分担风险和利润分配，得到扩展的二阶服装供应链网络如图 4-5 所示。

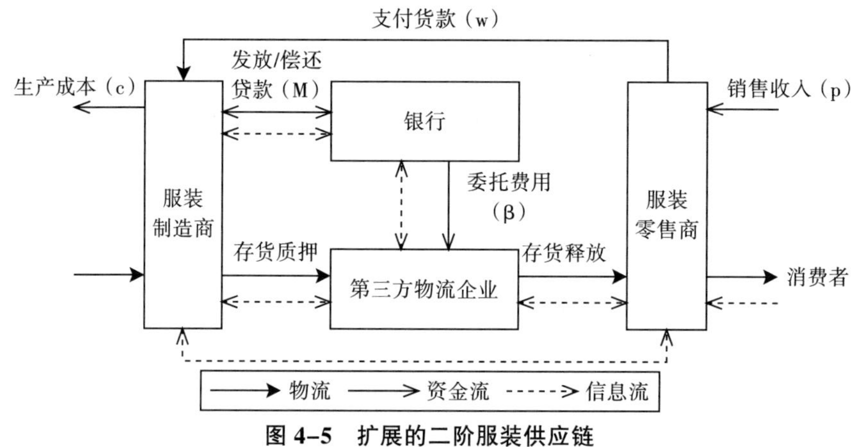

图 4-5 扩展的二阶服装供应链

由于链上所有节点企业的利润均来自服装产品的销售，因此作为博弈的领导者银行在制定决策时应首先确保原服装供应链系统的协调。零售商支付给制造商的货款、存货质押融资的贷款发放和清偿过程及银行支付给第三方物流企业的委托费用等资金流动和转移过程均发生在扩展的服装供应链内部，所有交易的发生并不改变该二阶供应链总体的收益，契约的缔结只影响各节点企业利润的分配。因此，扩展的供应链系统的最优订货量仍然为 $Q^{(1)}$，即：

$$Q^{*}=Q^{(1)}=F^{-1}\left(\frac{p-c}{p}\right) \tag{4-1}$$

系统总收益也与仅由制造商和零售商组成的原供应链系统在无资金约束条件下的情形相同，即：

$$\pi^{*}=(p-c)Q^{(1)}-p\int_{0}^{Q^{(1)}}F(x)dx \tag{4-2}$$

由于在第一层次博弈关系中，银行与第三方物流作为利益共同体参与博弈，两者的期望利润和为：

$$\begin{aligned}\pi_{B}+\pi_{L}&=p\int_{0}^{\frac{(cQ^{(1)}-\eta)(1+r)}{p}}(1-F(x))dx-(cQ^{(1)}-\eta)\\&=r(cQ^{(1)}-\eta)-p\int_{0}^{\frac{(cQ^{(1)}-\eta)(1+r)}{p}}F(x)dx\end{aligned} \tag{4-3}$$

则资金约束的服装制造商和零售商的期望利润和为：

$$\begin{aligned}\pi_{M}+\pi_{R}&=p\left[\int_{0}^{Q^{(1)}}(1-F(x))dx-\int_{0}^{\frac{(cQ^{(1)}-\eta)(1+r)}{p}}(1-F(x))dx\right]-\eta\\&=pQ^{(1)}+\eta r-cQ^{(1)}(1+r)-\left[\int_{0}^{Q^{(1)}}F(x)dx-\int_{0}^{\frac{(cQ^{(1)}-\eta)(1+r)}{p}}F(x)dx\right]\\&=\pi^{*}-(\pi_{B}+\pi_{L})\end{aligned} \tag{4-4}$$

下面考虑第二层次博弈关系中各参与方的期望利润。在银行与第三方物流子博弈中，银行与第三方物流之间采用激励函数 $I(r)=\beta r$ 的分成契约形式，银行的期望利润为：

$$\pi_B^* = k\bar{p}Q^{(1)}[(1-\beta)(1-P)r-(1-\beta)P+1]+(1-\lambda)(1-\beta)Q^{(1)}\int_0^{k\bar{p}(1+r)} ph(p)dp \tag{4-5}$$

第三方物流企业的期望利润为：

$$\pi_L^* = r(cQ^{(1)}-\eta)-k\bar{p}Q^{(1)}[(1-\beta)(1-P)r-(1-\beta)P+1]-\left[p\int_0^{\frac{(cQ^{(1)}-\eta)(1+r)}{p}} F(x)dx-(1-\lambda)(1-\beta)Q^{(1)}\int_0^{k\bar{p}(1+r)} ph(p)dp\right] \tag{4-6}$$

如不考虑市场价格的波动假设服装产品市场零售价格一定，则式（4-6）可进一步简化为：

$$\pi_L^* = r(cQ^{(1)}-\eta)-p\int_0^{\frac{(cQ^{(1)}-\eta)(1+r)}{p}} F(x)dx-kpQ^{(1)}[(1-\beta)(1-P)r-(1-\beta)P+1-(1-\lambda)(1-\beta)] \tag{4-7}$$

在服装制造商和零售商子博弈中，由于假设零售商自有资金充足，为激励其缔结契约应保证其期望利润不受影响，因此零售商的期望利润 π_R^* 为：

$$\pi_R^* = (p-w)Q^{(1)}-p\int_0^{Q^{(1)}} F(x)dx \tag{4-8}$$

则服装制造商的利润 π_M^* 为：

$$\pi_M^* = pQ^{(1)}+\eta r-cQ^{(1)}(1+r)-\left[\int_0^{Q^{(1)}} F(x)dx-\int_0^{\frac{(cQ^{(1)}-\eta)(1+r)}{p}} F(x)dx\right]-(p-w)Q^{(1)}+p\int_0^{Q^{(1)}} F(x)dx = wQ^{(1)}+\eta r-cQ^{(1)}(1+r)+(p-1)\int_0^{Q^{(1)}} F(x)dx+\int_0^{\frac{(cQ^{(1)}-\eta)(1+r)}{p}} F(x)dx \tag{4-9}$$

综上所述，得到形如｛Q，r，k｝的服装供应链存货质押契约模型。以下继续应用第二章服装供应链的基本成本参数分析以上契约对资金约束的服装供应链的协调过程和绩效，本部分采用自适应遗传算法对模型的求解过程和结果进行仿真。

第五节　算例分析

假设在存货质押贷款业务中银行和第三方物流企业存在良好的合作关系，质押服装产品的销售价格符合正态分布；质押存货的监管费用直接折算计入贷款利率；银行可获实际利率近似于贷款利率。因此，在模型中让期望利率等于贷款利率，而名义利率由计算得出。本章结合服装产品市场信息，沿用第二章供应契约算例中的各契约参数取值，通过算例继续对目标企业——服装生产商及其所在供应链的整体绩效进行分析验证。

一、无契约情形下的各方收益

根据第二章供应契约算例中的假设，在不考虑其他成本的前提下，无资金约束的服装生产企业生产该批次产品时需要拥有的资金量为 40 元/件 × 125 件 = 5000 元，而在实际生产过程中，服装生产商出现资金缺口，能够用于该批次商品生产的可用资金仅为 3200 元，因此能够支持的最大订货量为 80 件，小于供应链系统的最优订货量 125 件。据此得到该项交易带给链上各企业及整个供应链的期望利润为：

$\pi = (p - c)Q = (100 - 40) \times 80 = 4800 < 7500$

$\pi_M = (w - c)Q = (65 - 40) \times 80 = 2000 < 3125$

$\pi_R = (p - w)Q = (100 - 65) \times 80 = 2800 < 4375$

银行与第三方物流企业没有参与供应链系统业务，因此在该项交易中并无收益。

二、存货质押契约下的各方收益

在无契约情形各参数取值的基础上，结合服装产品的市场信息假设质押服装产品的市场价值 p 遵从均值$\bar{p}=\mu=100$ $\sigma=10$ 的正态分布，即 p~N（100，10^2），质押物的期末零售价格在（80，120）的范围内波动。由于质押货物的流动性风险和市场风险外生，因此在仿真计算过程中暂不考虑质物流动性风险的变动，假定质押服装产品的流动性风险系数 λ 固定（令 λ=0.1），通过第三章对相同情况下存货质押融资模型的仿真计算可知，该条件下该服装产品的质押率 k 为 0.7，名义利率 r 为 14.0%，根据各利率相关变量之间的函数关系得到银行的期望贷款利率为 12.0%。然而在实际的贷款业务进行时，利率类参数必须依据央行的相关规定制定。中国人民银行 2011 年 4 月公布的银行贷款的基准利率为 6.80%，按照惯例将中小企业的贷款上浮 30%计算得知，银行能够提供给目标企业的实际贷款利率为 8.84%。本部分将计算相同批发价格下银行贷款利率 r_B 取值分别为 12.0% 和 8.84%两种情况时服装供应链各参与方的收益，采用 Matlab 对算例的计算过程进行仿真，计算结果汇总如表 4-2 所示。

表 4-2　基于存货质押契约的服装供应链各方利润（w = 65）

β	r_B	r	K	P	π_B	π_L	π_R	π_M	π
0	0.1200	0.14	0.70	0.1894	144.00	107.89	4374.89	2873.11	7499.89
	0.0884	0.0628	0.70	0.2672	92.57	66.55	4374.89	3012.07	7499.89
0.3	0.1200	0.14	0.70	0.1571	133.66	118.23	4374.89	2873.11	7499.89
	0.0884	0.0592	0.70	0.2302	89.36	69.76	4374.89	3012.07	7499.89
0.4	0.1200	0.14	0.70	0.1432	109.97	141.92	4374.89	2873.11	7499.89
	0.0884	0.0578	0.70	0.2278	87.24	71.88	4374.89	3012.07	7499.89

通过观察算例的计算结果数据，可以发现：

（1）两种情况下都有 $2800<\pi_R=4375$，即服装零售商的期望利润大于同条件下无契约情形时的期望利润，而等于同条件下供应契约协调机制中的期望利润。这是由于根据假设服装零售商本身不存在资金约束问题，其上游企业服装生产商的生产能力是影响零售商利润的关键。本部分基于资金约束的供应链建立的存货质押契约模型解决了服装供应链上的资金缺口

问题，保证了服装生产商的生产能力，从而使得服装零售商的订货量能够及时得到满足，因此实现了零售商期望利润的最大化。

（2）同样，无论 r_B 取值如何都有 $2000 < \pi_M < 3125$，即本部分提出的存货质押契约模型使得服装生产商的期望利润远大于无契约情形。这是因为存货质押契约模型解决了服装生产商的资金缺口问题，能够保证链上资金和产品的顺利流通，从而实现了资金约束的服装生产商期望利润的最大化。而其小于供应契约协调时的情形是由于存货质押融资本身产生的利息、仓储、管理等费用事实上最终都由服装生产商负担的，因此会对其利润产生一定影响。

（3）整个服装供应链的期望利润等于供应契约协调下的供应链利润，这是由于本部分对传统意义上的服装供应链进行了扩展，将银行与第三方物流企业纳入系统作为节点企业参与服装供应链运营全过程。这样存货质押契约的具体业务过程与链上其他交易过程一样仅发生在供应链内部，并不影响服装供应链整体的利润。

综上可知，本部分给出的存货质押契约模型能够使得包括扩展节点在内的所有链上企业实现期望利润的最大化，从而实现整个服装供应链系统的协调。

此外，表 4-2 中数据还表明了各参数取值对服装供应链各方利润的影响：

（1）贷款利率 r_B 的取值对服装供应链系统和零售商的期望利润无影响，但其取值直接影响银行、第三方物流和服装生产商（融资企业）三者之间的利润分配。根据计算结果，r_B 取模型最优解 12.0%时银行与第三方物流的利润高于取惯例值 8.84%，而融资企业的期望利润正好相反，r_B 的取值是对各参与方进行有效激励和收益分配的关键。因此在实际业务操作过程中可以根据实际需要在区间［8.84%，12%］内取值。

（2）惩罚系数 β 越大，第三方物流企业的期望利润越高，同时融资企业的违约概率 P 越低，这是因为依据契约，随着惩罚系数的增大第三方物流能够从融资业务中获得的利润越大，因此更能激励其对融资企业实施更为努力的监管责任，这样融资企业的违约概率也会随之降低。但同时也需要注意到，由于惩罚系数只是影响银行与第三方物流企业之间的利润分配，对于第三方物流企业的激励是以牺牲银行的利润为前提的，因此惩罚系数的取值不应该超过 0.5。

在更为常见的服装供应链中，产品的市场风险、流动性风险等因素都会影响存货质押契约的协调效果，服装生产商用于质押的存货也种类繁多、价格各异。图 4-6 给出了服装生产商在供应链运行过程中现金流的变动情况：无契约情形下产品生命周期之初，为支持生产需要，服装生产商需要的现金流量较大，随着订单产品生产完成，服装生产商需要的现金流锐减；而在存货质押契约中，由于服装生产商自有资金有限，只能通过存货质押契约向银行融资以支持产品生产，随服装生产商分批清偿贷款，银行释放相应质押物，然后进行销售。因此，在存货质押契约中，服装生产商持有的现金量基本维持在一个比较稳定的水平，不会产生大的波动。

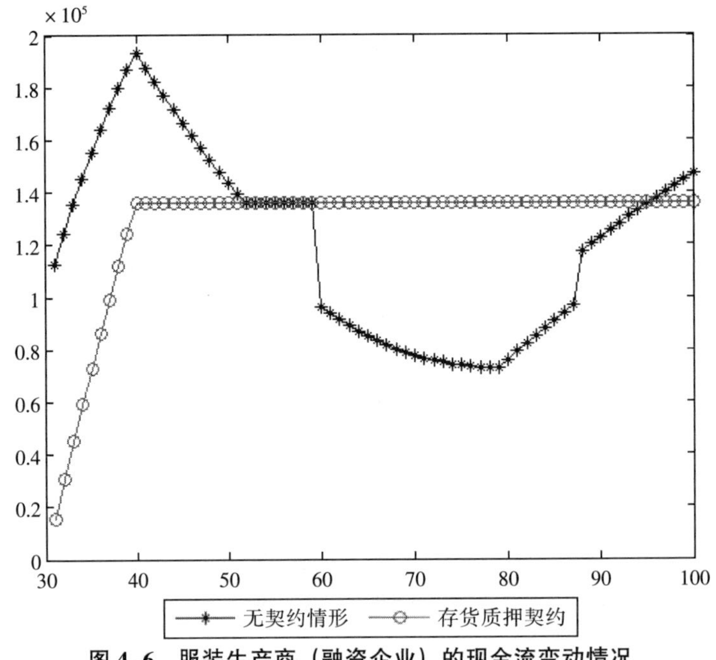

图 4-6 服装生产商（融资企业）的现金流变动情况

图 4-7 给出了存货质押契约协调下的服装供应链各参与方的收益情况，由图 4-7 中收益率曲线可见，随着零售商订货量的增大银行需要承担的违约风险增大，相对应的风险成本亦增大，因此其收益率随订货量增加会有逐步下降的趋势；而第三方物流企业由于存货质押契约与服装供应链上包括银行在内的节点企业建立了稳定的合作关系，因此其收益率会稳步提高。但当订货量达到一定数量时，高额的仓储费用等会削减部分收益，因此在存货质押契约下第三方物流企业的收益率呈现先升后降的总体趋势；服装零售商的利润受存货质押契约的影响最小，因此其收益率随订货量增加总体呈现平稳上升趋势；对于融资企业——服装生产商而言，由于存货质押契约满足了生产的资金需求，其收益率曲线与服装零售商的总体趋势相同，但由于要支付利息及契约管理等费用，因此其收益率曲线在贷款清偿期会出现一定的波动。

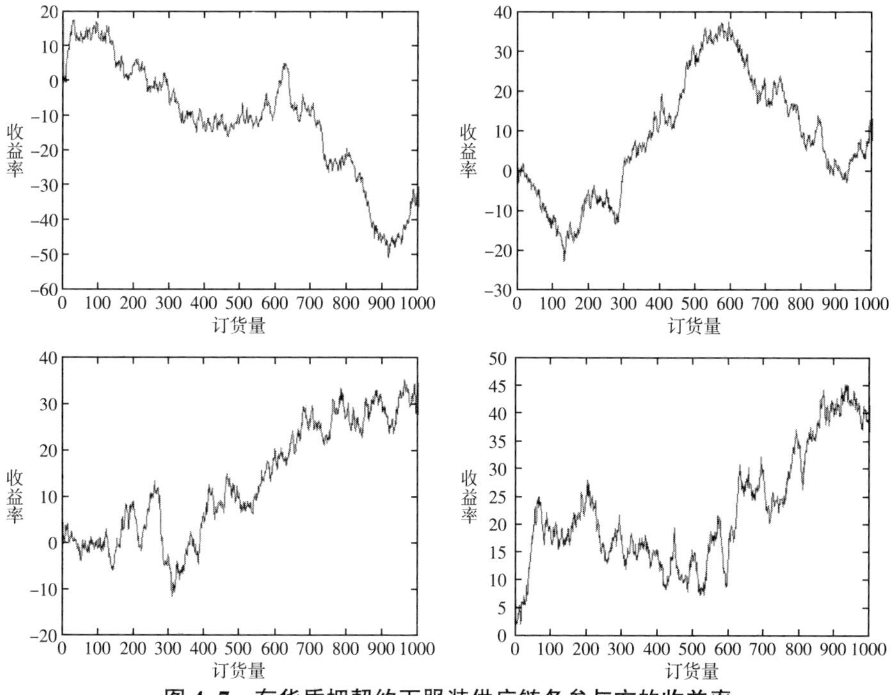

图 4-7　存货质押契约下服装供应链各参与方的收益率

本章小结

本章从产品、市场和链上节点企业之间的关系三个方面分析了服装供应链不同于其他供应链的特征，并通过问卷调查的方式，从供应链金融角度应用结构方程分析方法，分析了服装供应链上的节点企业应对资金缺口问题时的主观选择——存货质押融资方式，并描述了第三方物流企业参与下的服装供应链的存货质押融资过程。在此基础上，将银行和第三方物流企业作为节点加入传统供应链对其进行扩展，进一步建立了扩展服装供应链的存货质押契约模型，并采用数值算例的方法对其可用性和敏感性进行了分析。

第五章　服装供应与存货质押联合契约协调机制

第一节　问题的提出

制定服装供应链的运营决策时，不仅需要考虑传统意义上供应链的运营问题，还需要考虑链上的资金问题。因此，本部分希望建立一种能够综合考虑运营和融资的契约协调机制，在解决链上企业资金需求的同时提高供应链系统的绩效。

前文提出了一种回购与数量柔性联合的供应契约，并证明了其对链上企业的有效激励和对于服装供应链总体绩效的改善，但在更为现实的服装供应链运行实践中，面对中小企业的资金约束问题，无论是传统的供应契约还是第二章第三节给出的回购与数量柔性联合契约，均无法实现。在本书第四章第四节又建立了扩展服装供应链的存货质押契约模型以求解决服装供应链上的资金缺口问题。算例证明，扩展的存货质押契约虽然能解决服装供应链的资金约束问题也能实现供应链系统的协调，但在整个契约机制设计过程中更多关注的是降低链上融资企业违约的可能性，而不是链上企业主动参与契约的积极性，激励机制不够完善，服装供应链上的企业更多的是以融资为目的而被动参与契约，缺乏主动性。因此，本部分希望建立一种契约能够结合以上两类契约的优点，在解决资金缺口问题的基础上实现对链上企业的有效激励，基于以上思路，本部分通过结合两类模型建立一种基于运营与融资联合契约模型用于解决更为现实和常见的资金约束供应链的系统协调问题。

结合服装供应链运行实践和服装产品市场状况，建立形如 {Q, r, k, δ, b} 的供应与存货质押联合契约，如图 5-1 所示。联合契约模型为服装供应链生命周期的各个阶段不同子契约的串行结构，第一阶段采用存货质押契约解决资金缺口问题，第二阶段采用回购与数量柔性联合契约实现供应链系统整体绩效的改善，因此可以视存货质押契约为供应契约的前提条件。由于在联合契约中也采用了数量柔性的概念，存货质押融资的授信额度又与订货量有关，因此联合契约中银行贷款的发放模式不同于独立的存货质押契约，在订货确定期限之前采用固定比例或固定额度的形式分批次发放额度低于 $c(1-\delta)Q$ 的贷款，至订货量确定后再依据契约发放剩余贷款。整个联合契约的订货量决策变量 Q、数量柔性系数 δ 和回购价格 b 均等于供应契约中各对应参数的最优解，而名义利率 r 和质押率 k 的取值则等于存货质押契约中的对应取值。

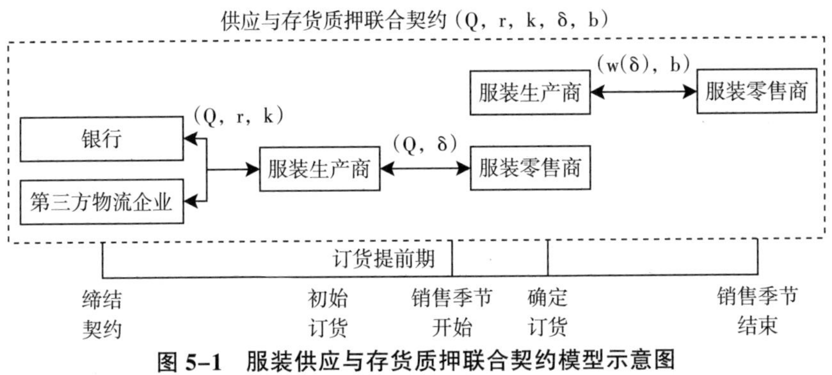

图 5-1 服装供应与存货质押联合契约模型示意图

第二节 服装供应与存货质押联合契约协调机制

服装供应与存货质押联合契约协调服务机制由服装供应链上企业、第三方物流企业和金融机构共同组成。徐琪教授建立了一种供应链物流金融集成化协同服务体系如图 5-2 所示，本部分引用该服务体系的思想建立基于供应与存货质押联合契约的服装供应链协调服务机制，面向资金流、物流和信息流协同运作，为服装供应链上的节点企业提供供应链金融服务，满足链上企业对配套流动资金的需求，减少了链上企业的资金占用，提高了服装供应链上资产的流动性，加快了链上企业的货物周转。

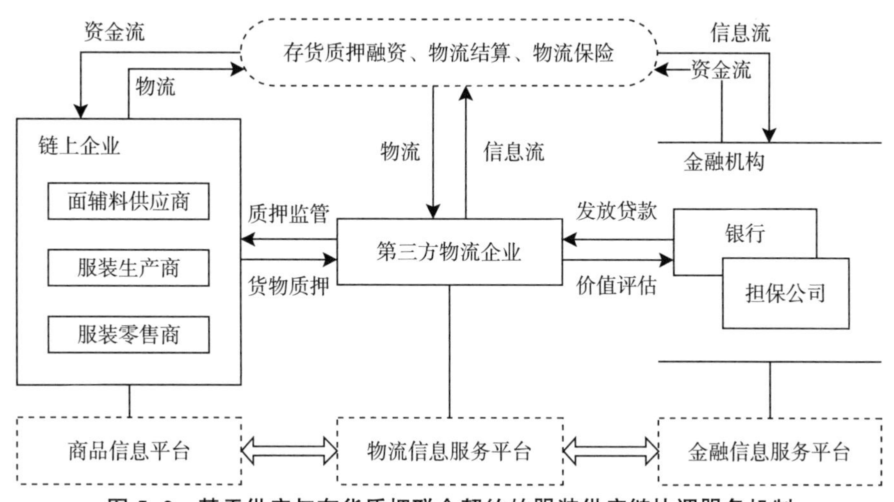

图 5-2 基于供应与存货质押联合契约的服装供应链协调服务机制

图 5-2 中服装供应链上需要融资的各类供应、生产和销售企业为资金的需求方；能够提供资本的金融机构（如银行、担保公司等）为资金的提供方；第三方物流企业是能够提供质押物（动产）或仓单物流服务及资产

管理服务（监管、拍卖等）的中介方。第三方物流企业通过提供担保、质押监管或承诺回购等方式，帮服装供应链上融资企业解决了融资担保困难的问题，与链上企业建立了良好稳固的合作关系，同时也拓展了自身的仓储服务功能，拥有了稳定的仓储来源，提高了自身效益；此外还与金融机构建立了互惠的合作关系，能提供价值评估、质押监管等中介衍生服务，从而帮助金融机构提供物流服务和资产管理服务。这样，第三方物流企业与服装供应链上企业、金融机构通过三方协同合作，扩展了供应链的增值服务，实现了三方共赢。

一、联合契约协调机制对资金流的管理

基于联合契约的服装供应链协调机制中与资金流相关的业务主要为存货质押融资的贷款和偿还及各参与方的利润分配等，而在实际业务操作过程中还必须考虑到物流结算、物流保险等业务。协调机制运作过程中，第三方物流企业和银行为服装供应链上的融资企业提供融资、结算及保险等金融服务，契约各参与方共享集成的信息流，在面向资金流的流动过程中协同合作，实现各自利益及整个供应链系统利润的最大化。

已知存货质押融资是一种企业以自身经营或生产的库存产品（商品）作为质押物并因此取得融资支持的供应链金融方式。最为常见的存货质押融资模式是由银行指定有资质的第三方物流企业作为中介机构，根据企业生产经营的需要对质押存货进行监控管理，协调存货的流动性、融资的畅通性等。除服装供应链上的中小企业外，存货质押融资方式还适用于维持正常经营所需存货库存量较大、价格相对稳定、流动性强并且变现能力较强的其他类型供应链上的节点企业。

协调机制中关于资金流管理的具体运作过程为：

（1）融资申请。服装供应链上的融资企业在充分了解协调机制和存货质押融资业务的基础上，以其所持有的存货通过物流企业办理存货质押融资业务的贷款申请。

（2）业务筛选。物流企业负责对融资企业提供的质押存货进行验收，

对其进行价值评估，同时对融资企业本身的资信水平进行审查和筛选，最终确定是否与融资企业缔结契约。

（3）合约签订。通过上述审查和筛选后，银行与融资企业、第三方物流企业依据联合契约协调机制共同签订相关合约，规定业务运营流程、关键指标控制及各参与方各自的权利和义务等。

（4）运营控制。银行根据贷款申请和第三方物流企业提供的质押存货价值评估报告，按照合约中确定的质押率发放贷款。存货质押所获贷款的使用情况须接受第三方物流的监督。质押存货在供应链运行过程中质押物的出入库和其他物流操作和资金流变化情况均由第三方物流监控并及时告知银行。服装供应链上企业在供应链运行过程中依据联合契约协调机制分配各参与方的利润。

（5）合约终止。贷款业务终了，银行回收贷款本息，并依据契约向第三方物流企业支付相关服务费用，合约终止。

物流结算和物流保险是协调机制中关于资金流的结算方式和风险控制方面的具体措施，不是协调机制的业务主体，本部分不做具体分析。

在联合契约协调机制中，质押货物具有动产质押的性质，质押期间可照常参与供应链的运行进行销售和回购。服装供应链上的融资企业利用货物销售所得偿还贷款，而第三方物流企业作为协调机制的中间人，负责质押货物的监管并承担担保责任。也就是说，由第三方物流企业承担融资企业违约的相关风险。这样，在联合契约协调机制运行的全过程中，服装供应链获得了融资，提高了整个链上资产的流动性，减少了企业资金的占用；第三方物流企业衍生出增值服务，获得了服务利润；银行在存货质押贷款中获取了利息，由此实现了供应链共赢。

二、联合契约协调机制对物流的管理

联合契约协调机制中对于物流管理的操作除供应链固有的订货、销售等物料流动过程之外主要是质押存货的出入库管理，具体体现在质押存货监管的全程业务包括质押物的选择、检验和质押货物的监管等过程中。具体的物流管理过程为：

（一）质押物的选择与验收

在存货质押融资业务中，为规避风险银行对质押货物的种类会有一定的限制，通常都会选择适用范围广、市场需求量大、易于处置、容易变现、价格涨跌幅度不大、质量稳定、不易变质、规格明确、便于计量的产品种类，如有色金属、粮油、棉花等。对于服装供应链而言，无论是服装产品还是面辅料等原材料都满足质押货物所需的特征，因此，存货质押融资业务适用于服装供应链上的各类节点企业。第三方物流企业需要根据质押货物的特性对质押物进行审查验收，经审查合格无争议的质押物，第三方物流企业与融资企业协商确定质押物价值评估过程方案，并依据联合契约协调模型确定相关费用。然后，由第三方物流企业开具相关证明文件，融资企业对仓单作质押背书并交付银行提出存货质押贷款申请。银行审核后，签署贷款合同与存货质押合同，根据联合契约协调机制以一定质押率发放贷款至融资企业在银行开立的监管账户。

（二）仓储和提货凭证的管理

质押存货存放在第三方物流企业指定的仓库，并由其开具和管理仓储凭证。仓储凭证使用固定格式，同时派专人管理，严防操作失误与内部人员作案，以确保仓储凭证的真实性、唯一性和有效性。提货凭证由融资企业和银行共同开具，需要注意的是在合同中必须要注明仓储凭证并无提货功能，同时在合同中还需要明确鉴别提货凭证真伪的措施。对于不同时间分批次提取同一仓储项目下的质押货物的情况，则由融资企业和银行共同签署分批提货单，第三方物流企业依据分批提货单释放相应质押存货，登记明细台账，并在其对应的仓储凭证下作销账记录，直至释放所有质押存货。

（三）质押货物的协同监管

第三方物流企业与银行缔结契约并签订相关合同后便对质押货物负有监管责任，货物质押期间发生丢失或损坏的情况均由第三方物流企业承担相关赔付责任。第三方物流企业接受银行委托，在存货质押期间对质押货物在供应链运行全过程中的流动情况进行严格的监控与管理。第三方物流企业在了解和掌握融资企业的资信水平及质押存货市场价值的变动情况等信息的基础上与银行协同合作，依据合约相关规定和银行的指令进行质押物的入库、保管、出库等操作，协助银行对质押存货行使质押权，保证仓储手续完备，质押存货完好无损，质押货物与相关凭证一致，并在银行的共同监管下依据提货凭证进行质押货物的出库操作。此外，第三方物流还具有在质押存货变卖时寻找客户、代收货款、代运货物等职能。

质押存货在质押期内照常参与供应链运行。对于正常销售的质押存货，其销售所得货款全额存入监管账户，银行根据到账金额确定下一批次能够释放的存货数量并开具相应提货凭证给融资企业，第三方物流企业核实提货凭证后释放存货。贷款到期契约终止时，监管账户中扣除贷款本息和之后的余款由融资企业自行支配。

在整个基于联合契约的协调体系中，第三方物流企业与银行、服装供应链上的融资企业之间均存在这样的协同管理关系：一方面，第三方物流企业作为银行的代理人协同银行监管融资企业质押存货的种类、品种及数量等；另一方面，作为融资企业的代理人协同融资企业管理质押存货的出入库及安全管理等。

三、联合契约协调机制对信息流的管理

服装供应链上的融资企业、第三方物流企业与银行三方之间及时、有效的信息交互与传递是业务联合契约协调机制有效实施的保证。现代信息技术以其强大的技术优势和流通优势成为现代供应链金融发展的必然趋势，为联合契约协调机制的应用提供了支持和保障。针对存货质押融资的业务特点，徐琪提出了一种如图 5–3 所示的基于互联网技术的供应链物流金融集成化协同管理体系框架，该管理体系同样适用于本部分提出的联合契约协调机制对信息流的管理。

该信息集成管理体系支持包括质押物动态查询、质押物库存报表、配送业务汇总、网上仓单处理、业务服务费用结算、质押率和利率结算、保

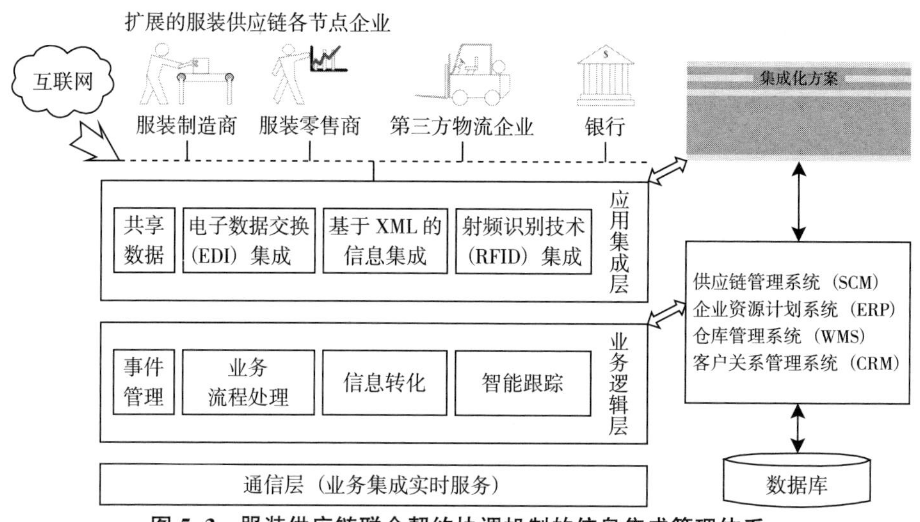

图 5-3　服装供应链联合契约协调机制的信息集成管理体系

证金结算等功能在内的各类信息流的管理。第三方物流企业处于扩展的服装供应链上信息流处理的核心位置，是银行与链上融资企业之间业务联系的纽带。在基于联合契约协调的服装供应链的整个运行过程中，第三方物流企业需要掌握的信息包括：①联合契约各参与方的内部业务信息（如链上融资企业和银行的基本信息、质押存货的基本信息和仓储信息、银行与链上融资企业之间的关系管理信息等）；②在供应链运行过程中需要与银行和链上融资企业共享交互的信息；③为银行和服装供应链上的融资企业提供更为全面的物流和代理服务所需的相关信息；④质押存货存储和保管的动态信息等。而银行需要掌握的信息包括质押货物及其仓储的基本信息、第三方物流企业和链上融资企业的基本信息、质押货物的流动信息以及存货质押融资业务相关放贷信息等。服装供应链上的融资企业在整个供应链运行过程中需要掌握质押存货的市场信息、管理和流通信息以及银行存货质押融资业务的相关规定等信息。

如图 5-3 所示的管理体系中信息的集成处理系统包括应用集成层、业务逻辑层和通信层三层结构。整个供应链的协调过程中涉及的数据库包括服装供应链管理系统（SCM）、链上各节点企业的企业资源计划系统（ERP）、第三方物流企业的仓库管理系统（WMS）及银行的客户关系管理系统（CRM）等，集成系统的数据库运行和维护通常由第三方物流企业负责。在应用集成过程中采用的主要信息集成手段包括电子数据交换（EDI）集成、基于可扩展标记语言（XML）的信息集成和射频识别技术（RFID）集成。第三方物流企业通过与供应链上融资企业的企业资源计划系统之间的电子数据交换集成（EDI）接收电子订货单，发送收货单、出库单、发货通知及质押存货的即时状态等。由于服装供应链上各节点企业、第三方物流企业和银行等各主体的信息来自不同的数据源，且数据量相当巨大，在联合契约协调机制中采用基于 XML 的信息集成技术实现网络环境下异构信息的集成，为供应链联合契约协调机制运行过程提供各类检索和查询服务。对于供应链运行过程中质押货物的流动等信息应用射频识别技术进行实时跟踪监控，能够实现对质押存货的存储和流通状况有效的动态管理。

综上所述，服装供应链联合契约协调机制是基于供应链集成化、协同化与风险共担的管理思想，为服装供应链上的资金需求企业、第三方物流企业与银行等提供全程的金融服务和物流拓展服务。与传统供应契约协调不同的是，联合契约协调机制强调在供应链系统的计划、协调、执行和控制等过程中，通过质押融资、物流结算、物流保险以及质押货物价值评估、质押物监管、信息流融合等活动，改善服装供应链上下游企业之间的关系，整合并优化资金流、物流和信息流，从而获得链上企业和整个服装供应链的竞争优势。通过这种方式，银行可增加贷款业务，提高授信规模；第三方物流企业可增加货物吞吐量，扩大物流规模及延伸服务；链上资金约束企业可通过存货质押融资盘活存货，解决资金链断裂困难，实现规模化经营，增强企业实力，创造规模效益。从而实现银行金融服务创新、第三方物流企业物流服务创新和企业经营运作创新的协同管理，达到三方共赢。

契约模型是该协调机制的关键，下面将基于上述内容分析建立供应与存货质押联合契约模型。

第三节 服装供应与存货质押联合契约模型

建立供应与存货质押联合契约的目的就要使资金约束的服装供应链实现其在资金充足情况下的绩效。因此，联合契约模型中零售商的最优订货量 Q^* 和供应链的期望利润 π 与供应契约协调机制一致。但是在联合契约中，作为扩展的服装供应链的节点企业、银行与第三方物流企业和原链上企业一样也会参与供应链的利润分配，即：

$$Q^* = F^{-1}\left(\frac{p - c(1-\delta)}{p}\right),\ b = \frac{p(w-c)}{p-c} \tag{5-1}$$

$$\begin{aligned}\pi(Q^*) &= pE(S(Q^*)) - c(1-\delta)Q^* = [p - c(1-\delta)]Q^* - p\int_0^{Q^*} F(x)dx \\ &= \pi_R + \pi_M + \pi_B + \pi_L\end{aligned} \tag{5-2}$$

下面分别讨论联合契约协调模型中的各参与方利润。

一、服装零售商利润

与存货质押契约一样，联合契约中同样假设供应链的资金约束来自服装生产商的生产成本不足，而零售商自有资金足以支付货款。因此，联合契约应该保证零售商的利润不受资金约束的影响才能够激励零售商缔结契约，由此得到联合契约模型中服装零售商的期望利润 π_R 为：

$$\pi_R(Q^*) = [p - b - (w-b)(1-\delta)]Q^* - p\int_0^{Q^*} F(x)dx \tag{5-3}$$

由式（5-3）可知，零售商的利润仅与服装产品的市场需求、产品的各项价格成本参数及约定的数量柔性系数有关。

二、服装生产商利润

服装生产商的利润是联合契约协调机制考虑的重点目标，一方面，服装产品的生产和流动是实现整个供应链绩效的前提条件，生产商的生产能力能够满足契约机制的最优订货量需求是实现服装供应链协调运作的关键；另一方面，根据假设服装生产商的资金约束是联合契约的应用基础，服装生产商作为融资企业在联合契约协调机制中除了要实现自身利润的最大化，还是银行和第三方物流企业利润实现的基础及源泉。因此，服装生产商是多方博弈的领导者更是整个联合契约机制的核心。根据前提假设，服装生产商的期望利润 π_M 为：

$$\pi_M(Q^*) = \pi_{M+R}(Q^*) - \pi_R(Q^*) = [b + (w - b)(1 - \delta)]Q^* - cQ^*(1 + r) + \eta r + (p - b - 1)\int_0^{Q^*} F(x)dx + \int_0^{\frac{(cQ^*-\eta)(1+r)}{p}} F(x)dx \quad (5\text{-}4)$$

三、银行利润

银行为资金约束的服装供应链上企业及整个供应链系统提供贷款支持，在联合契约协调机制中分享供应链利润的同时承担相应的风险，在服装供应链运行过程中以委托人的身份监管链上的资金流动情况，但不直接参与供应链的运营决策。因此，银行的期望利润不取决于回购价格、数量柔性系数等契约参数，但这些参数的取值会影响到订货量，而订货量是联合契约模型中银行期望利润的重要参数。因此，与独立的存货质押契约中的利润类似，联合契约中银行的期望利润 π_B 表示为：

$$\pi_B(Q^*) = k\bar{p}Q^*[(1 - \beta)(1 - P)r - (1 - \beta)P + 1] + (1 - \lambda)(1 - \beta)Q^*\int_0^{k\bar{p}(1+r)} ph(p)dp \quad (5\text{-}5)$$

四、第三方物流企业利润

与银行一样，第三方物流企业并非联合契约的决策者，在服装供应链的运营过程中承担物流运输和仓储责任并获取相应利润。此外，作为银行的代理人对质押存货实施监管责任从而获取相应的代理费用。因此，其期望利润 π_L 依然可以表示为：

$$\pi_L(Q^*) = r(cQ^* - \eta) - k\bar{p}Q^*[(1-\beta)(1-P)r - (1-\beta)P + 1] - \left[p\int_0^{\frac{(cQ^*-\eta)(1+r)}{p}} F(x)dx - (1-\lambda)(1-\beta)Q^*\int_0^{k\bar{p}(1+r)} ph(p)dp\right] \tag{5-6}$$

式（5-1）~式（5-6）建立了服装供应链的供应与存货质押联合契约模型，与第四章建立的独立存货质押契约模型相比，契约参数列表中增加了回购价格 b 和数量柔性 δ，加上各契约参数之间的相互影响使得原本计算量就很庞大的模型复杂度进一步增加，求解困难。因此，本部分在接下来的计算过程将采用自适应遗传算法对联合契约模型近似求解，从而验证供应与存货质押联合契约是否适用于服装供应链的协调管理。

第四节　基于自适应遗传算法的联合契约算例分析

一、自适应遗传算法的基本原理

遗传算法是近年来被广泛应用于生产调度、自动控制、图像处理和机器学习等领域的一种模仿生物进化过程的智能算法，对于一些采用传统优化算法难以求解的非线性、多目标的函数优化问题，应用遗传算法能够方便地得到较好的近似解。

遗传算法从潜在解集的一个种群开始，按照适者生存和优胜劣汰的规律逐代演化，在每一代借助遗传算子进行组合交叉和变异，产生出新的种群。与自然进化一样，后生代种群比前代更加适应于环境，末代种群中的最优个体经过解码，可以作为问题近似最优解。

遗传算法包括选择、交叉和变异三个基本操作，常见的选择算法有轮盘赌、随机遍历抽样、局部、截断和锦标赛选择。交叉概率和变异概率对算法的收敛性至关重要，是影响算法性能的关键。交叉概率越大，产生新个体的速度越快，然而遗传模式被破坏的可能性越大；相反，如果交叉概率越小，算法的收敛速度也会越慢。如果变异概率取值过小，就很难产生新的个体；相反，如果变异概率过大，遗传算法就会退化为随机搜索算法。针对不同的优化问题，需要反复实验以确定交叉概率和变异概率，一般很难找到适应于每个问题的最佳值。Srinvivas 等提出了一种交叉概率和变异概率能够随适应度自动改变的自适应遗传算法（Adaptive Genetic Algorithm），它能够提供相对某个解的最佳交叉概率和变异概率。自适应遗传算法中交叉概率 P_c 和变异概率 P_m 分别为：

$$P_c=\begin{cases}\dfrac{k_1(f_{max}-f)}{f_{max}-f_{avg}}, & f\geqslant f_{avg}\\ k_2, & f<f_{avg}\end{cases},\quad P_m=\begin{cases}\dfrac{k_3(f_{max}-f')}{f_{max}-f_{avg}}, & f'\geqslant f_{avg}\\ k_4, & f'<f_{avg}\end{cases} \tag{5-7}$$

式中，f_{max} 为群体中的最大适应值，f_{avg} 为群体的平均适应值，f 为要交叉的两个个体中较大的适应度值，f′ 为要变异个体的适应度值，k_i（i = 1，2，3，4）为常数。自适应遗传算法既能保持群体的多样性，又能够保证算法的收敛性，因此本书选用自适应遗传算法进行系统仿真计算。

采用自适应遗传算法进行仿真计算的具体步骤如下：

步骤 1：随机产生初始种群，个体数目一定，每个个体表示为染色体的基因编码。

步骤 2：计算个体的适应度，并判断是否符合优化准则，若符合，输出最佳个体及其代表的最优解，并结束计算，否则转向步骤 3。

步骤 3：依据适应度选择再生个体，适应度高的个体被选中的概率高，适应度低的个体可能被淘汰。

步骤 4：据式（5-7）确定交叉概率，并通过交叉生成新的个体。

步骤 5： 根据式（5-7）确定变异概率，并通过变异生成新的个体。

步骤 6： 由交叉和变异产生新一代的种群，返回到步骤 2。

本部分采用 Matlab 实现基于自适应遗传算法的联合契约模型仿真求解，算法的关键代码见附录三。

二、联合契约算例分析

仍然采用前面章节的基本假设和参数取值，另外取批发价格 w = 65 元/件，名义利率 r = 0.14，质押率 k = 0.7，由式（5-1）可得回购价格 b = 42 元/件，将上述变量代入本书建立的供应与存货质押联合契约计算服装供应链上企业及各参与方利润，结果如表 5-1 所示。

表 5-1　基于供应与存货质押联合契约的服装供应链各方利润（w = 65）

β	δ	Q	π_B	π_L	π_R	π_M	π
0	0.3	133	254.40	265.84	5573	3482.76	9576
	0.4	136	268.80	349.44	6011	3706.76	10336
	0.5	139	283.20	436.40	6364	4036.40	11120
0.3	0.3	133	286.47	233.77	5573	3482.76	9576
	0.4	136	292.93	325.31	6011	3706.76	10336
	0.5	139	299.39	420.21	6364	4036.40	11120
0.4	0.3	133	290.94	229.30	5573	3482.76	9576
	0.4	136	297.50	320.74	6011	3706.76	10336
	0.5	139	304.06	415.54	6364	4036.40	11120

比较观察表 5-1 与表 2-2、表 4-2 中相应的计算结果，可以发现：

（1）初始订货量 Q、服装零售商的期望利润 π_R 以及整个供应链系统的期望利润 π 与相同前提下无资金约束时回购与数量柔性联合契约中的对应值相等，即本章建立的联合契约与独立的存货质押契约一样能够解决服装供应链的资金约束问题，同时也能够和回购与数量柔性契约一样有效改善供应链系统的整体绩效。

（2）联合契约模型中，银行与第三方物流企业同样参与服装供应链的利润分配，无论是与传统的供应契约还是本部分建立的回购与数量柔性联合供应契约相比，服装生产商的期望利润都有所增加。另外，在加入了银行和第三方物流企业的扩展供应链中，银行与第三方物流企业期望利润也较单独的存货质押契约模型有所增加。也就是说，联合契约模型使得扩展的服装供应链系统达到了帕累托最优，实现了整个供应链系统的协调。

（3）同回购与数量柔性联合契约一样，本章建立的供应与存货质押联合契约由于引入了回购和数量柔性机制，降低了服装零售商的风险从而增加其订货量，所以联合契约的订货量高于独立存货质押契约中的订货量。订货量的增加又导致生产资金缺口增大，为维系供应链系统运行服装生产商只能扩大贷款规模，因此银行和第三方物流的期望利润也随之增加。

（4）与独立的存货质押契约中银行的期望利润随惩罚系数增加而降低的情况（$\pi_B(\beta = 0.3) = 133.66 > 109.97 = \pi_B(\beta = 0.4)$）不同，表 5-1 中的计算结果显示相同条件下随惩罚系数 β 的增大，供应与存货质押联合契约模型中银行的期望利润反而有所增加（$\pi_B(\beta = 0.3) = 286.47 < 290.94 = \pi_B(\beta = 0.4)$），但增长率很低（仅为 1.21%），这部分收益是由于联合契约使得订货量增加带来的，并不影响惩罚系数作为银行与第三方物流企业之间收益分配参数的可靠性。表 5-1 中计算数据显示，无论是在存货质押契约还是在联合契约中，第三方物流企业的期望利润均随惩罚系数的增加而增大，特别是在联合契约中其增长率达 39.16%。造成这种现象的原因主要有：首先，联合契约机制使得订货量增大，加大了第三方物流的仓储和管理收入；其次，联合契约中引入的回购机制增加了第三方物流企业的运输相关收入；再次，数量柔性的引入在增加融资企业和银行风险的同时也增加了第三方物流企业的监管难度和风险，因此获得的代理费用也有所增加；最后，是由于贷款规模的增大而带来的利润增加值。

（5）惩罚系数 β 相同时，随数量柔性系数 δ 的增大，订货量也相应增大，供应链各参与方利润均有增加，其中服装零售商和第三方物流企业的利润增幅较大，而服装生产商和银行的利润增幅不明显。这是因为随数量柔性的增大，服装生产商和银行需要分担的风险也相应增加，它们增加的那部分利润主要来自于增加的订货带来的收益。

随着供应链的持续运行，供应链系统的期望收益率随服装零售商订货量的变化关系如图 5-4 所示，随初始阶段供应链的系统利润率总体呈上升趋势，在订货量到达一定数值后，供应链系统的总体收益率在 30%左右波动趋于平稳。

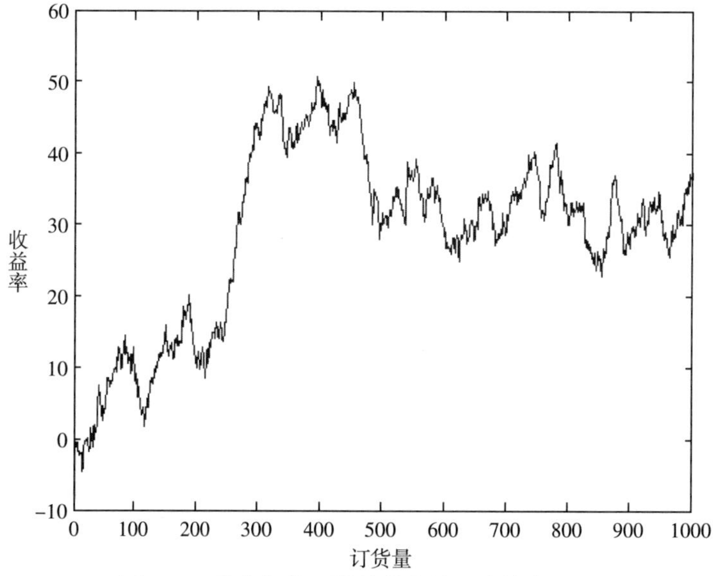

图 5-4　联合契约下服装供应链系统的收益率

需要指出的是，本部分为简化计算未考虑服装产品的市场风险和其作为质押物的流动性风险对供应链绩效的影响，徐招玺在进行物流金融服务契约研究时在固定质押率的前提下进行了相关研究，可将其研究成果视为质押货物的市场风险和流动性风险的度量依据，将其计算结果作为联合契约模型相应契约参数的输入值。另外，契约模型中数量柔性系数由链上企业协商设置，增加了系统的不确定性，Wu 在研究数量柔性契约时考虑了基于 Bayesian 更新的市场需求，零售商向制造商提供一个初始预测订货量，制造商依据这一预测值安排生产。在获取 n 个观测值后，零售商确定柔性系数的取值和最终订货量。本部分可采用其研究成果，应用 Bayesian

更新确定数量柔性参数 δ 的取值，从而提高联合契约的有效性。

本章小结

为解决资金约束的服装供应链的系统协调问题，本章从协同集成化管理的角度阐述了基于供应与存货质押联合契约的服装供应链协调机制的协调服务过程，分析了协调机制对服装供应链上物流、信息流和资金流的管理过程。在第二章建立的回购与数量柔性联合契约的基础上，联立第四章建立的存货质押契约模型，建立了服装供应与存货质押联合契约模型，继而以算例的形式分析了契约模型各参数取值对服装供应链各参与方及整个系统绩效的影响，并据此验证了联合契约模型协调资金约束的供应链系统的有效性。

第六章　联合契约协调机制的风险控制

第一节　服装供应链联合契约协调机制的信用风险评价

通过以上章节对契约模型和业务合约的分析可知，链上融资企业是否违约是联合契约能否实现对资金约束的服装供应链有效协调的关键。本部分希望通过分析采用联合契约协调机制能否降低链上融资企业违约的可能性，即其信用风险，以验证协调机制的有效性。

信用风险通常是指交易过程中由于一方不能履约或不能完全履约而给交易另一方带来的风险。本部分要研究的联合契约协调机制的信用风险是指在供应链背景下，中小企业向银行融资时存在的综合信用风险。在对协调机制进行信用风险的分析和评价时，不仅需要考虑融资企业自身的信用风险，更要考虑供应链环境下诸如上下游厂商的信息传递、财务状况及最终产品的市场波动等因素对融资企业信用风险产生的影响。由于供应链上运行过程环环相扣，各个节点彼此依赖，任何一个环节出现问题，都可能影响整个供应链的正常运行。因此，在供应链运行过程中采用联合契约协调机制，虽然能够提升链上中小企业的资信水平，给融资企业带来融资优势，从而确保供应链上资金的正常流动，但与此同时，也增加了链上企业和整个供应链的复杂性，影响供应链绩效的因素也因此增多。对于服装供应链来说，由于链上企业多为中小企业，本身经济能力有限，应急调节能力较弱，所以链上节点企业的信用风险更容易受供应链的影响。本部分所要进行的联合契约协调机制的信用风险综合评价基于供应链金融的思想，从供应链的视角对链上中小企业的信用风险进行评估，从专注于融资企业本身的风险转变为对整个供应链及其运行过程中交易风险的综合评估，以决定是否采用联合契约协调机制解决服装供应链的资金约束和供应链协调问题。

一、联合契约协调机制信用风险的影响因素

与传统供应契约不同，由于引入了银行和第三方物流企业作为新的节点，在联合契约协调机制下影响链上融资企业信用风险的因素更为错综复杂，本部分根据研究内容和服装供应链特点的需要，从服装产业的行业状况、融资企业的综合实力以及整个服装供应链的运营状况三个方面着手，对服装供应链联合契约协调机制信用风险的影响因素进行分析。

（一）服装行业状况

分析整个服装行业面临的市场风险，判断融资企业在整个服装产品生命周期中所处的阶段，有助于分析融资企业应对市场变化的敏感程度。服装行业运行状况产生的信用风险主要受宏观经济环境、政策法规、监管环境和行业发展前景等诸多因素的影响。

（二）链上融资企业的综合实力

在衡量供应链环境下链上节点企业的综合实力时，通常会考察企业的基本素质、偿债能力、营运能力、盈利能力、创新能力、成长潜力和信用记录七个基本要素。由于这些要素能够科学、全面地反映链上融资企业的经营能力和信用状况，本部分在进行协调机制的风险分析时也考虑采用这些要素来描述融资企业的综合实力。

（三）服装供应链运营状况

服装供应链整体的运营状况直接影响到链上中小企业的信用评价，如果整个服装供应链的运营状况良好，链上企业的交易风险就会减少，那么链上融资中小企业的综合信用风险也相应降低；反之，会增加链上节点企业的综合信用风险。根据本部分研究问题的需要，主要通过整个服装供应链的绩效、信息化程度、供应链整体竞争力及上下游企业的合作关系等要素来描述整个服装供应链的运营状况，进而确定其对协调机制信用风险的影响。

二、联合契约协调机制信用风险的评价指标体系

根据联合契约协调机制信用风险影响因素的分析，结合服装供应链上融资企业自身的特点及本部分的研究内容，并遵循全面、科学、合法和可操作性等原则，构建联合契约协调机制的信用风险评价指标体系。

首先，将影响联合契约协调机制信用风险的三类因素的所有指标纳入初始指标体系。分析发现，其中某些指标之间存在着一定的关联，在信用水平评估过程中可能会出现信息的重复使用，从而降低风险评价的有效性和可靠性。因此，需要对初始指标体系中的各个指标进行相关性分析，去除那些影响信用评价结果的相关性系数较大的指标。其次，如果在指标体系中的某个指标上，大部分企业的得分一致偏高或一致偏低，则认为该指标没有鉴别力，很难识别出不同企业的信用差异，因此在指标体系中也需要剔除这类指标。经过以上对相关性和鉴别力的分析及筛选，再结合银行存货质押融资具体业务操作进行适当调整，最终构建本部分提出的联合契约协调机制的信用风险评价指标体系。

根据以上思路，本部分借鉴范柏乃和李梅等的研究成果，通过市场调研采集相关数据，经过相关性分析，对相关性系数较大的指标通过剔除低隶属度项的方式对指标体系进行约简，进而在方差分析基础上计算各指标的变差系数，再剔除掉变差系数较小的评价指标，得到服装供应链联合契约协调机制信用风险评价的三级指标体系如图 6-1 所示。

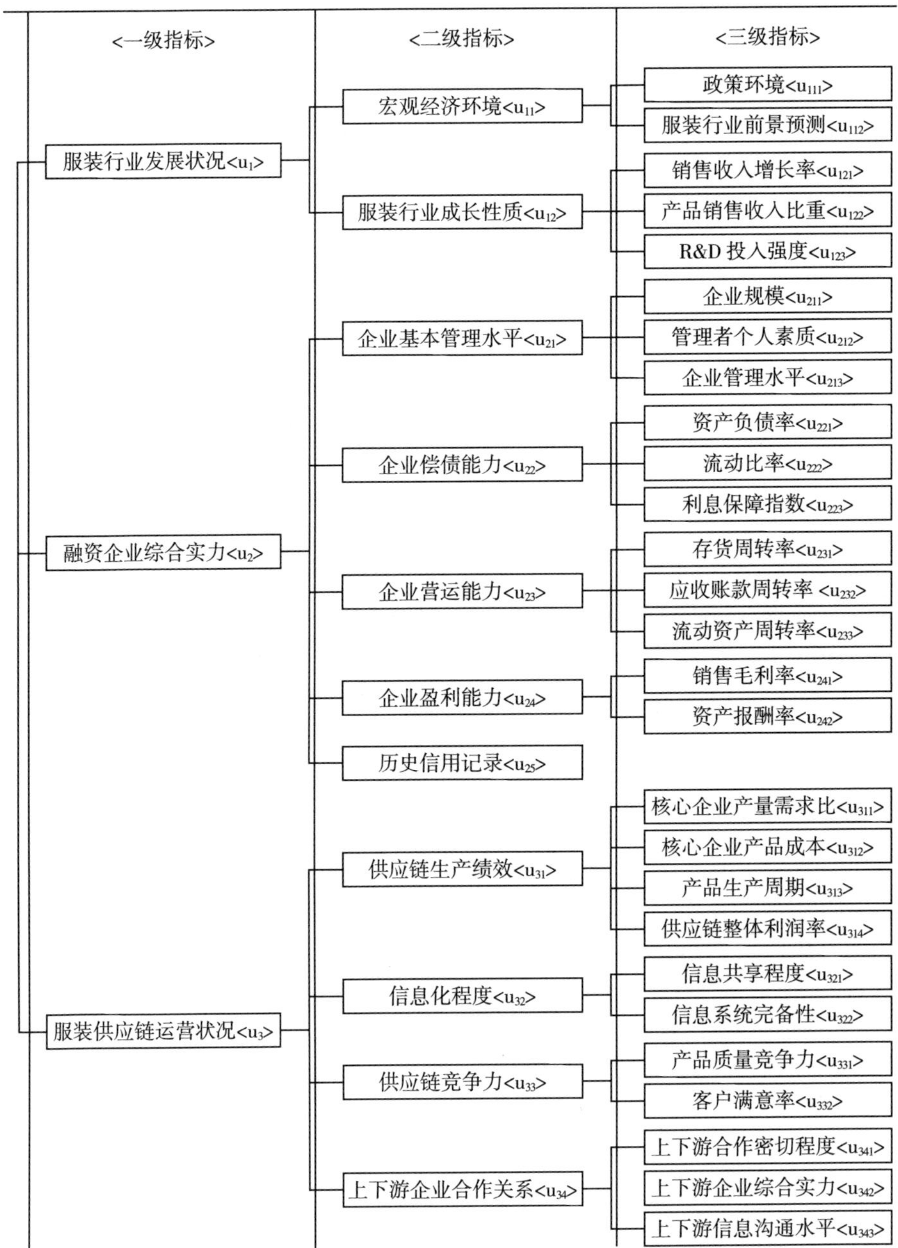

图 6-1 服装供应链联合契约协调机制的信用风险评价指标体系

三、联合契约协调机制信用风险的灰色综合评价

根据上节建立的服装供应链联合契约协调机制信用风险三级评价指标体系，分别记一级指标集 $U_i=\{u_1, u_2, u_3\}$，二级指标集 $U_{ij}=\{u_{11}, \cdots, u_{1j}, u_{21}, \cdots, u_{2j}, \cdots, u_{ij}\}$，三级指标集 $U_{ijk}=\{u_{111}, \cdots, u_{ijk}\}$，其中 $i=1, 2, 3$，$j=1, 2, \cdots, m_i$；$k=1, 2, \cdots, n_j$，m_i 为一级指标 u_i 对应的二级指标的个数 $m_1=2$，$m_2=5$，$m_3=4$，n_j 为每个二级指标分别对应的三级指标的个数 $n_1=2$，$n_2=3$，$n_3=3$，$n_4=3$，$n_5=3$，$n_6=2$，$n_7=1$，$n_8=4$，$n_9=2$，$n_{10}=2$，$n_{11}=3$。

下面采用多层次灰色综合评价的方法来分析联合契约协调机制的信用风险。

（一）指标权重的确定

由于每个指标对评价结果的影响程度各不相同，因此在进行信用风险的评价时必须根据各指标的重要程度确定其权重。权重的确定方法主要有主观赋权法、客观赋权法、组合赋权法或层次分析法（AHP）等，为减少主观因素对评价结果的影响，本部分参照关伟等的研究采用德尔菲法（Delphi）与相邻指标比较法组合确定权重的方法，来确定评价指标体系的权重，分别记一级指标对应的权重集为 $W_i=\{w_1, w_2, w_3\}$，二级指标的权重 $W_{ij}=\{w_{11}, \cdots, w_{1j}, w_{21}, \cdots, w_{2j}, \cdots, w_{ij}\}$，三级指标的权重 $W_{ijk}=\{w_{111}, \cdots, w_{1jk}\}$，i，j，k 的含义和取值与指标体系相同。

表 6-1　信用风险评价各级指标权重

一级指标 U_i	一级指标权重 W_i	二级指标 U_{ij}	二级指标权重 W_{ij}	三级指标 U_{ijk}	三级指标权重 W_{ijk}
u_1	0.205	u_{11}	0.358	u_{111}	0.417
				u_{112}	0.583
		u_{12}	0.642	u_{121}	0.396
				u_{122}	0.330
				u_{123}	0.274

续表

一级指标 U_i	一级指标权重 W_i	二级指标 U_{ij}	二级指标权重 W_{ij}	三级指标 U_{ijk}	三级指标权重 W_{ijk}
u_2	0.464	u_{21}	0.083	u_{211}	0.275
				u_{212}	0.329
				u_{213}	0.396
		u_{22}	0.397	u_{221}	0.659
				u_{222}	0.185
				u_{223}	0.156
		u_{23}	0.114	u_{231}	0.122
				u_{232}	0.230
				u_{233}	0.648
		u_{24}	0.221	u_{241}	0.333
				u_{242}	0.667
		u_{25}	0.185	u_{251}	1
u_3	0.331	u_{31}	0.418	u_{311}	0.162
				u_{312}	0.258
				u_{313}	0.115
				u_{314}	0.465
		u_{32}	0.187	u_{321}	0.615
				u_{322}	0.385
		u_{33}	0.134	u_{331}	0.400
				u_{332}	0.600
		u_{34}	0.261	u_{341}	0.250
				u_{342}	0.450
				u_{343}	0.330

（二）样本评价矩阵的建立

本部分将指标体系中的各级评价指标 U_{ijk} 按各自水平等级或其对结果的影响程度划分为 5 级，分别赋以相应分值，由好到差依次为 5 分、4 分、3 分、2 分、1 分，当指标等级介于两相邻等级之间时，评分取其中间值 4.5 分、3.5 分、2.5 分和 1.5 分。根据上述评分规则邀请并组织专家对服装供应链上的融资企业进行信用风险情况的综合评价，设专家 x 对指标 u_{ijk} 给出的评分为 d_{ijkx}，即可得到样本的评价矩阵 D。

$$D = \begin{bmatrix} d_{1111} & d_{1112} & \cdots & d_{1115} & u_{111} \\ d_{1121} & d_{1122} & \cdots & d_{1125} & u_{112} \\ \vdots & \vdots & \vdots & \vdots & \vdots \\ d_{2111} & d_{2112} & \cdots & d_{2115} & u_{211} \\ \vdots & \vdots & \vdots & \vdots & \vdots \\ d_{3111} & d_{3112} & \cdots & d_{3115} & u_{311} \\ \vdots & \vdots & \vdots & \vdots & \vdots \\ d_{3431} & d_{3432} & \cdots & d_{3435} & u_{343} \end{bmatrix}$$

本部分选择一家资金不足的服装零售企业作为评价对象，邀请供应链管理、供应链金融和服装产业研究方面的专家 5 人根据指标体系对其信用状况进行评分，得到的样本如表 6-2 所示。

表 6-2　服装供应链上融资企业信用评价样本矩阵

指标	专家 1	专家 2	专家 3	专家 4	专家 5	指标	专家 1	专家 2	专家 3	专家 4	专家 5
u_{111}	3.5	4	3.5	3	4	u_{241}	3	2	2.5	3	2
u_{112}	4.5	3.5	4	4	4	u_{242}	2.5	3.5	3	3.5	3
u_{121}	4	4.5	3	4	3.5	u_{251}	3	3	3.5	3	3
u_{122}	3.5	3	3.5	3	4	u_{311}	3	3.5	4	3.5	4
u_{123}	3	2.5	4	3.5	3	u_{312}	2.5	3	3	3.5	3
u_{211}	2	2.5	2	2	2.5	u_{313}	3.5	3	3.5	4	3
u_{212}	3	3.5	4	3.5	3	u_{314}	4	3.5	4	4	3.5
u_{213}	4	3	3.5	3.5	3.5	u_{321}	3	3.5	2.5	3	3
u_{221}	3	3.5	2	2.5	3	u_{322}	2	3	3	3.5	2.5
u_{222}	2	1.5	2.5	2.5	2	u_{331}	3.5	3	3.5	4	4
u_{223}	3	3.5	3	3.5	2.5	u_{332}	4	3.5	3.5	3.5	3
u_{231}	1.5	2	2	2	2.5	u_{341}	4	4.5	4	3	3.5
u_{232}	2	1.5	1.5	2	2	u_{342}	3	3.5	3	3.5	4
u_{233}	2	2	1.5	1.5	1.5	u_{343}	2.5	3	3	3	3.5

（三）灰类与灰色评价系数的确定

灰色综合评价系统是基于灰色系统理论中的聚类方法建立的，其关键是确定评价灰类，确定评价灰类的等级数、灰类的灰数以及灰数的白化权函数，准确地反映评价指标属于某个类的程度。步骤 2 中专家给出的评价值其实就是对应灰数的白化值，这里将评价协调机制信用水平分为“好”、“较好”、“一般”、“较差”和“差”五级，对应设置不同的灰类等级，下面参考苏菊宁等的多层次灰色评价过程对每一灰类分别分析其对应的灰数及白化权函数。

（1）$e=1$，为第一灰类“好”，对应的灰数$\otimes_1\in[0,5,10]$，白化权函数 f_1 的图像如图 6-2(a) 所示，函数表达式为：

$$f_1(d_{ijk})=\begin{cases}\dfrac{d_{ijk}}{5} & d_{ijk}\in[0,5]\\ 1 & d_{ijk}\in[5,10]\\ 0 & d_{ijk}\notin[0,10]\end{cases}\tag{6-1}$$

（2）$e=2$，为第二灰类“较好”，与之对应的灰数$\otimes_2\in[0,4,8]$，白化权函数 f_2 的图像如图 6-2（b）所示，函数表达式为：

$$f_2(d_{ijk})=\begin{cases}\dfrac{d_{ijk}}{4} & d_{ijk}\in[0,4]\\ \dfrac{(8-d_{ijk})}{4} & d_{ijk}\in[4,8]\\ 0 & d_{ijk}\notin[0,8]\end{cases}\tag{6-2}$$

（3）$e=3$，为第三灰类“一般”，对应灰数$\otimes_3\in[0,3,6]$，白化权函数 f_3 的图像如图 6-2(c) 所示，函数表达式为：

$$f_3(d_{ijk})=\begin{cases}\dfrac{d_{ijk}}{3} & d_{ijk}\in[0,3]\\ \dfrac{(6-d_{ijk})}{3} & d_{ijk}\in[3,6]\\ 0 & d_{ijk}\notin[0,6]\end{cases}\tag{6-3}$$

（4）e = 4，为第四灰类“较差”，对应灰数$\otimes_4 \in [0, 2, 4]$，白化权函数 f_4 的图像如图 6-2（d）所示，其函数表达式为：

$$f_4(d_{ijk}) = \begin{cases} \dfrac{d_{ijk}}{2} & d_{ijk} \in [0, 2] \\ \dfrac{(4 - d_{ijk})}{2} & d_{ijk} \in [2, 4] \\ 0 & d_{ijk} \notin [0, 4] \end{cases} \tag{6-4}$$

（5）e = 5，为第五灰类“差”，对应灰数$\otimes_5 \in [0, 1, 2]$，白化权函数 f_5 的图像如图 6-2（e）所示，其函数表达式为：

$$f_5(d_{ijk}) = \begin{cases} 1 & d_{ijk} \in [0, 1] \\ \dfrac{(2 - d_{ijk})}{1} & d_{ijk} \in [1, 2] \\ 0 & d_{ijk} \notin [0, 2] \end{cases} \tag{6-5}$$

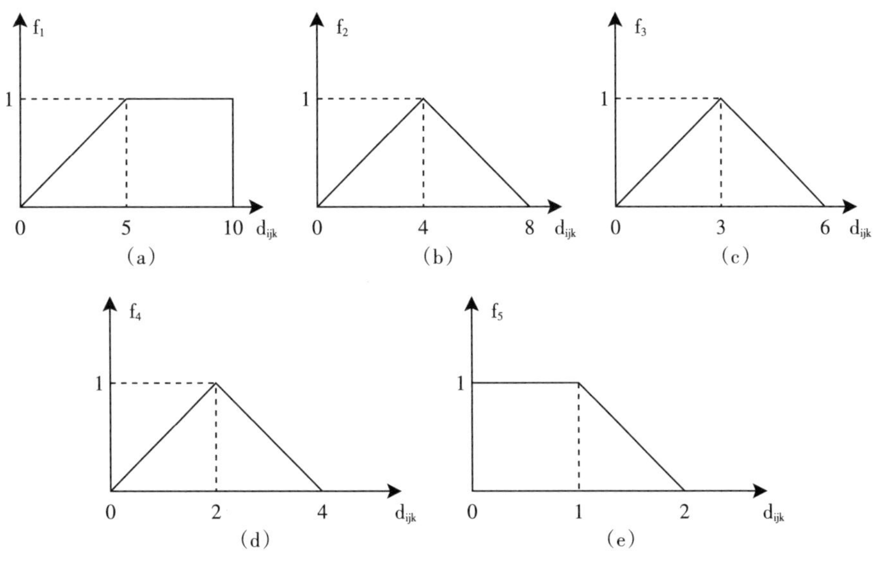

图 6-2　各灰类对应的白化权函数图像

根据灰色评价理论，评价指标 u_{ijk} 属于评价灰类 e 的灰色评价系数 q_{ijke} 和其属于各评价灰类的总灰色系数 q_{ijk} 分别为：

$$q_{ijke}=\sum_{x=1}^{5}f_e(d_{ijkx}),\quad q_{ijk}=\sum_{e=1}^{5}q_{ijke} \tag{6-6}$$

继续以上节选取评价对象服装零售企业为例，对于评价指标 u_{111} 该企业属于各个灰类 $e(e=1,\ \cdots,\ 5)$ 的灰色评价系数 q_{111e} 分别为：

$$e=1\quad q_{1111}=\sum_{x=1}^{5}f_1(d_{111x})=f_1(3.5)+f_1(4)+f_1(3.5)+f_1(3)+f_1(4)=3.6$$

$$e=2\quad q_{1112}=\sum_{x=1}^{5}f_2(d_{111x})=f_2(3.5)+f_2(4)+f_2(3.5)+f_2(3)+f_2(4)=4.5$$

$$e=3\quad q_{1113}=\sum_{x=1}^{5}f_3(d_{111x})=f_3(3.5)+f_3(4)+f_3(3.5)+f_3(3)+f_3(4)=4$$

$$e=4\quad q_{1114}=\sum_{x=1}^{5}f_4(d_{111x})=f_4(3.5)+f_4(4)+f_4(3.5)+f_4(3)+f_4(4)=1$$

$$e=5\quad q_{1115}=\sum_{x=1}^{5}f_5(d_{111x})=f_5(3.5)+f_5(4)+f_5(3.5)+f_5(3)+f_5(4)=0$$

该企业的总灰色评价系数 q_{111} 为：

$$q_{111}=\sum_{e=1}^{5}q_{111e}=q_{1111}+q_{1112}+q_{1113}+q_{1114}+q_{1115}=13.1$$

（四）灰色评价权矩阵的确定

对评价指标 u_{ijk}，记其属于评价灰类 e 的灰色评价系数 q_{ijke} 与其属于各评价灰类的总灰色系数 q_{ijk} 的比率 r_{ijke} 为评价指标 u_{ijk} 对灰类 e 的灰色评价权，即：

$$r_{ijke}=\frac{q_{ijke}}{q_{ijk}} \tag{6-7}$$

据此得到评价指标 u_{ijk} 对于各灰类的灰色评价权向量 $r_{ijk}=[r_{ijk1}\quad r_{ijk2}\quad r_{ijk3}\quad r_{ijk4}\quad r_{ijk5}]$。综合所有三级指标 u_{ijk} 对于各评价灰类的灰色评价权向量后得到三级指标集的灰色评价权矩阵 R_{ij}：

$$R_{ij}=\begin{bmatrix}r_{ij1}\\r_{ij2}\\\vdots\\r_{ijk}\end{bmatrix}=\begin{bmatrix}r_{ij11}&r_{ij12}&\cdots&r_{ij15}\\r_{ij21}&r_{ij22}&\cdots&r_{ij25}\\\vdots&\vdots&\vdots&\vdots\\r_{ijk1}&r_{ijk2}&\cdots&r_{ijk5}\end{bmatrix}$$

对于研究所选评价对象，计算各三级指标的灰色评价权矩阵 R_{11}~R_{34} 如下：

$$R_{11}=\begin{bmatrix}r_{111}\\r_{112}\end{bmatrix}=\begin{bmatrix}0.275&0.344&0.305&0.076&0\\0.324&0.385&0.270&0.021&0\end{bmatrix}$$

$$R_{12}=\begin{bmatrix}r_{121}\\r_{122}\\r_{123}\end{bmatrix}=\begin{bmatrix}0.299&0.354&0.289&0.058&0\\0.243&0.339&0.311&0.107&0\\0.237&0.295&0.320&0.148&0\end{bmatrix}$$

$$R_{21}=\begin{bmatrix}r_{211}\\r_{212}\\r_{213}\end{bmatrix}=\begin{bmatrix}0.178&0.190&0.280&0.352&0\\0.252&0.315&0.321&0.112&0\\0.263&0.329&0.314&0.094&0\end{bmatrix}$$

$$R_{22}=\begin{bmatrix}r_{221}\\r_{222}\\r_{223}\end{bmatrix}=\begin{bmatrix}0.205&0.257&0.318&0.220&0\\0.618&0.211&0.280&0.341&0\\0.226&0.283&0.327&0.164&0\end{bmatrix}$$

$$R_{23}=\begin{bmatrix}r_{231}\\r_{232}\\r_{233}\end{bmatrix}=\begin{bmatrix}0.156&0.195&0.259&0.351&0.039\\0.143&0.179&0.239&0.359&0.080\\0.137&0.172&0.228&0.342&0.121\end{bmatrix}$$

$$R_{24}=\begin{bmatrix}r_{241}\\r_{242}\end{bmatrix}=\begin{bmatrix}0.185&0.230&0.308&0.277&0\\0.226&0.283&0.328&0.163&0\end{bmatrix}$$

$$R_{25}=\begin{bmatrix}r_{25}\end{bmatrix}=\begin{bmatrix}0.220&0.276&0.344&0.160&0\end{bmatrix}$$

$$R_{31}=\begin{bmatrix}r_{311}\\r_{312}\\r_{313}\\r_{314}\end{bmatrix}=\begin{bmatrix}0.275&0.344&0.305&0.076&0\\0.216&0.269&0.335&0.180&0\\0.252&0.315&0.321&0.112&0\\0.299&0.373&0.289&0.039&0\end{bmatrix}$$

$$R_{32}=\begin{bmatrix}r_{321}\\r_{322}\end{bmatrix}=\begin{bmatrix}0.216&0.269&0.335&0.180&0\\0.205&0.257&0.318&0.220&0\end{bmatrix}$$

$$R_{33}=\begin{bmatrix}r_{331}\\r_{332}\end{bmatrix}=\begin{bmatrix}0.275&0.344&0.305&0.076&0\\0.263&0.329&0.314&0.094&0\end{bmatrix}$$

$$R_{34}=\begin{bmatrix}r_{341}\\r_{342}\\r_{343}\end{bmatrix}=\begin{bmatrix}0.299&0.354&0.289&0.058&0\\0.243&0.339&0.311&0.107&0\\0.216&0.269&0.335&0.180&0\end{bmatrix}$$

结合前文已确定的各指标权系数继续对三级指标 u_{ijk} 做综合评价，令评价结果 $B_{ij}=W_{ij}\cdot R_{ij}=[b_{ij1}\quad b_{ij2}\quad b_{ij3}\quad b_{ij4}\quad b_{ij5}]$。据三级评价指标的灰色评价结果可以得到二级指标 u_{ij} 对各灰类的灰色评价权矩阵：

$$R_i=\begin{bmatrix}B_{11}\\B_{12}\\\vdots\\B_{ij}\end{bmatrix}=\begin{bmatrix}b_{111}&b_{112}&b_{113}&b_{114}&b_{115}\\b_{121}&b_{122}&b_{123}&b_{124}&b_{125}\\\vdots&\vdots&\vdots&\vdots&\vdots\\b_{ij1}&b_{ij2}&b_{ij3}&b_{ij4}&b_{ij5}\end{bmatrix}$$

根据上面的方法计算前文所选的服装零售商各三级指标的灰色综合评价结果 B_{ij}，有：

$$B_{11}=W_{11}\cdot R_{11}=[0.417\quad 0.583]\cdot\begin{bmatrix}0.275&0.344&0.305&0.076&0\\0.324&0.385&0.270&0.021&0\end{bmatrix}$$

$$=[0.303\quad 0.368\quad 0.285\quad 0.044\quad 0]$$

$$B_{12}=W_{12}\cdot R_{12}=[0.264\quad 0.333\quad 0.305\quad 0.098\quad 0]$$

$$B_{21}=W_{21}\cdot R_{21}=[0.236\quad 0.286\quad 0.307\quad 0.171\quad 0]$$

$$B_{22}=W_{22}\cdot R_{22}=[0.254\quad 0.233\quad 0.310\quad 0.203\quad 0]$$

$$B_{23}=W_{23}\cdot R_{23}=[0.141\quad 0.176\quad 0.234\quad 0.347\quad 0.102]$$

$$B_{24}=W_{24}\cdot R_{24}=[0.212\quad 0.266\quad 0.321\quad 0.201\quad 0]$$

$$B_{25}=W_{25}\cdot R_{25}=[0.220\quad 0.276\quad 0.344\quad 0.106\quad 0]$$

$$B_{31}=W_{31}\cdot R_{31}=[0.268\quad 0.336\quad 0.307\quad 0.089\quad 0]$$

$$B_{32}=W_{32}\cdot R_{32}=[0.213\quad 0.264\quad 0.328\quad 0.195\quad 0]$$

$$B_{33}=W_{33}\cdot R_{33}=[0.268\quad 0.335\quad 0.310\quad 0.087\quad 0]$$

$B_{34}=W_{34}\cdot R_{34}=[0.249\quad 0.314\quad 0.315\quad 0.122\quad 0]$

下面继续对二级指标 u_{ij} 做综合评价，并计算二级指标对各评价灰类的灰色评价权矩阵 R，记评价结果 $B_i=W_i\cdot R_i=[b_{i1}\quad b_{i2}\quad b_{i3}\quad b_{i4}\quad b_{i5}]$，则有：

$$R=\begin{bmatrix}B_1\\B_2\\B_3\end{bmatrix}=\begin{bmatrix}b_{11}&b_{12}&b_{13}&b_{14}&b_{15}\\b_{21}&b_{22}&b_{23}&b_{24}&b_{25}\\b_{31}&b_{32}&b_{33}&b_{34}&b_{35}\end{bmatrix}$$

对于本书的评价对象，其二级指标的灰色综合评价结果 B_i 分别为：

$$B_1=W_1\cdot R_1=[0.358\quad 0.642]\cdot\begin{bmatrix}0.303&0.368&0.285&0.044&0\\0.264&0.333&0.305&0.098&0\end{bmatrix}$$

$$=[0.278\quad 0.346\quad 0.298\quad 0.078\quad 0]$$

$B_2=[0.224\quad 0.246\quad 0.310\quad 0.208\quad 0.012]$

$B_3=[0.263\quad 0.351\quad 0.289\quad 0.107\quad 0]$

继续对一级评价指标 u_i 做综合评价，其评价结果 $B=W\cdot R=[b_1\quad b_2\quad b_3\quad b_4\quad b_5]$，一级指标的灰色评价结果即评价对象的总评价结果。

本部分所选评价目标企业的灰色综合评价结果为：

$$B=W\cdot R=[0.205\quad 0.464\quad 0.331]\cdot\begin{bmatrix}0.278&0.346&0.298&0.078&0\\0.224&0.246&0.310&0.208&0.012\\0.263&0.351&0.289&0.107&0\end{bmatrix}$$

$$=[0.258\quad 0.315\quad 0.302\quad 0.119\quad 0.006]$$

（五）信用风险灰色综合评价

将融资企业的信用状况评价所属灰类等级按照“灰水平”采用百分制赋值，得到各灰类等级的值化向量 C = ［好　较好　一般　较差　差］= ［100　80　60　40　20］，据此得到服装供应链联合契约协调机制的信用综合评价值 V 为：

$$V=B\cdot C^T \tag{6-8}$$

则本书选择的目标企业信用状况的综合评价值为：

$$V=B\cdot C^T=[0.248\quad 0.315\quad 0.302\quad 0.129\quad 0.006]\cdot[100\quad 80\quad 60\quad 40\quad 20]^T=73.4\text{（分）}$$

而对无契约协调的同一目标企业采用同样的风险评价方法，最终得到的灰色综合评价值 V = 57.3 分（计算过程略）。

选取的目标企业的基本信用状况综合评分较低（仅为 57.3 分），表明该企业综合实力较弱，在传统融资方式中该企业的信用水平较低，融资风险较大，很难从银行获得贷款。而将该企业置于供应链背景下考虑联合契约协调机制时的信用状况综合评分增加到 73.4 分，公司资信水平有所提高，大多数指标处于中上等水平，企业处于良性循环的供应链中，偿债能力明显增强，较容易获得银行的贷款支持，由此证明了联合契约协调机制对于改善服装供应链上融资企业的资信水平的有效性。

基于联合契约协调机制的信用风险评价系统不仅包括传统信用风险评价系统中对于融资企业本身资信水平及其所在行业的市场情况等因素的分析，更加入了供应链环境对融资企业运营状况产生影响的综合评价，因此能够更加系统和客观地反映链上融资企业的综合信用状况。上述联合契约协调机制的信用风险评价体系既有利于融资企业对于自身综合实力的准确把握，便于有效快捷地从银行获得资金支持，并为企业经营管理的改善提供相关依据，提高融资企业的资信水平，同时也能够为银行确定和管理相关贷款风险提供决策依据，此外还为第三方物流的监管提供参考。

第二节　服装供应链联合契约协调机制中的业务合约条款设计

为降低和控制服装供应链各参与方的风险，保障联合契约协调机制的顺利运行以及各参与方的利益，并实现对链上物流、资金流和信息流的有效监管，必须设计合法的业务合约规定各参与方在协调过程中能够享有的权利、需要履行的义务及违约惩罚办法等进行明确的规定。

一、协调机制合约设计风险控制的关键问题

基于联合契约的服装供应链协调机制为第三方物流企业提供了新的利润来源，在有效地帮助服装供应链上存在资金约束的中小企业业务成长的同时拓展了自己的业务空间。在协调机制运行过程中，第三方物流企业的主要职责为质押存货的物流监管，因此在设计协调机制的合约条款时，第三方物流企业、银行以及服装供应链上的融资企业三方需要根据供应链运行过程中业务风险的具体来源和风险评估来界定各参与方的权限，明确规定各自的权利和义务。此外，在合约设计中，还需要明确融资方的还款时间、还款方式、设计利率以及质押率等关键的风险和契约控制参数。这样，协调机制可以在保证风险可控的前提下尽可能地满足融资企业的贷款需要，从而降低整个供应链的运营风险并有效促进链上产品的顺利流转。合约设计还需要特别关注一些针对服装供应链具体业务的风险控制点。

（一）质押物的产权界定

在存货质押融资过程中，质押物产权界定是一个基本的问题，它包括所有权审核和质权审核两个方面。所有权审核指审核质物是否在法律上清晰地归出质人所有，而质权审核指审查质物是否能够在法律上允许质押，是否被担保给多个债权人，存在重复担保的现象等。

首先，在合约中必须正确地规定承担质物产权界定的责任人。一般而言，产权的审核是一项非常复杂的工作，需要专业的知识和专业调查能力。因此，合约应该从风险可控的角度来决定谁来承担相应的审定职能，即由谁承担相关的产权界定工作，主要是看谁具有调查客户的贸易渠道、结算方式、往来账目的专业能力和专业的人才。

其次，在合约中还必须正确地确定审核产权的方式。通常审核产权的方式选择应该充分地考虑质物的性质和上下游的贸易关系，审核人可以直接审核相关法律证明材料，也可以通过审核出质货物的发票、购销合同、质检证明、上游企业的出售证明、运输发票等方式间接界定产权，对于进出口货物还可以审核海关通关单、关税证明、进口许可证等来间接界定产

权。只有确定了正确的责任人和正确的审核方式，才能对质押物产权界定上的风险进行有效的控制。

（二）质押物的检验

质物的数量、重量和种类等的确定都属于形式上的审查，很容易进行相关的审核。而质物的检验则是对商品实质内容的审查，也是合约设计中的关键风险点。

首先，在合约中，必须确定进行质物检验的责任人。通常，质物的检验机构应该具有法定的检验自制，应该对质物的检验具有专业的能力和知识，而物流企业也可以参与质物品质检验，并承担辅助的作用。

其次，在合约中，必须确定正确的检验方式。在现实中，除了之间机构的正式检验方式外，还可以充分地考虑质物的贸易关系采用简洁的方式降低检验成本、提高检验效率。其中，视同检验或原单原转就是这样的简洁检验方式，这种检验方式可以把经由海关、商检、质检等国家机构检验的商品的实质性坚定报告作为商品的认定依据，也可以将上游厂商的质检证明作为认定依据。例如，采取保兑仓的形式，就可以直接从厂家购买已检验的商品作为质押物。

（三）价格的确定与动态控制

合约设计的另一个关键的风险点是，如何在合约中准确地确定质押物的市场价值并根据市场变动对其进行动态控制。在合约中，需要明确规定以下内容：确定质押物价格的基准；应当采取的价格范围；动态确定质押物价格的方法；价格调整协议的确定方式；防范价值波动的方法；确定价格数据采集和监控职责的承担责任方；价格风险防范机制的选择和确定方法；价格风险控制流程的确定方式等。

（四）信息系统的构建

构建物流与供应链金融业务控制的信息系统平台，将使银行、物流企业和借款企业的信息沟通与共享机制发生很大的变化，将促进业务操作、监管的自动化和无纸化，减少操作风险和操作成本，这也会使合约设计条款，尤其是关于信息传递、监管方式和业务流程方面的条款出现很大的变化。

此外，还有多点监管问题、贷款周期问题、违约责任问题、浮动质押问题、清算问题等也是合约设计的关键风险点，需要参与方根据业务的特点设计符合实际的合约条款，规定参与方的权利和义务才能有效地控制风险。

二、协调机制运行各环节的合约条款设计

为控制联合契约协调机制中各参与方的风险，各参与方之间签订的业务合约必须能够有效控制服装供应链运营过程的整个流程和各个环节。从过程控制的角度出发，协调机制的业务合约必须包括质押物入库、质押物保管、提货、质押物的追加、质押权利的实现与合约终止等环节的每个业务操作细节。与供应链运营过程中各项业务相关的资金流和信息流运作流程是伴随着质押物的物流过程而发生的，所以在协调机制的合约条款设计过程中可以将它们与质押货物的物流运营相关条款结合起来。

（一）质押物入库环节的合约条款

在质押物入库环节中出质人（服装供应链上的融资企业）、质权人（银行）和监管人（第三方物流企业）各方的物流、信息流和资金流的一般规定如下：

（1）确定监管仓库的位置和交付方式（现实交付或指令交付）。

（2）按照《质押合同》的有关规定，质权人和出质人共同向物流监管方签发《出质通知书》和《质押物清单》，由出质人和银行共同向物流监管方告知货物出质的事实，将质物交付监管人。

（3）根据《质押合同》确立质权时，监管人与质权人应当共同对移交的质物进行核验。除实际移交质物与《质押物清单》所载不符外，监管人均应根据本协议规定，在审查检验合格后，对适用本协议的《质押合同》向下质物接受入库，并将签章后的回执发给出质人和质权人，质权人按照《质押合同》给予出质人贷款或者直接向供应商购买货物。

（4）因质物入库产生的有关费用，如移库费、不移库时原保管合同的

注销费用等由出质人承担。监管人不得以任何理由留置质物。

（二）质押物保管环节的合约条款

在质押物保管环节中出质人、质权人和监管人各方的物流、信息流和资金流的一般规定如下：

（1）监管人承诺将根据本协议的规定认真履行监管职责，保证质物的安全，不得擅自支配质物。

（2）按照质权人的指示存储或对方监管场所内的质物；监管人还应负责制作并粘贴带有质权人名称的标签于监管质物上，以示与其他仓储货物的区分。

（3）允许质权人或其指定的代表（包括质权人授权的第三方）进入监管场所进行随时必要的检验和查证。

（4）在质权人（或其授权的第三方）提出要求时立即允许其有权对监管场所实施必要的封闭，并为质权人提供一切必要的协助以实行此类封闭措施。

（5）独立对质物的保管和状况承担责任，维持监管场所内安全且令质权人满意的存储条件，如果因监管人未能遵守本条的规定而导致质物发生任何灭失、损坏、价值减少、索赔或其他责任，应向质权人承担赔偿责任。

（6）监管人保证按约定形式将监管的质物的进出库和库存信息传送给质权人，并自行做好数据备份，监管热泵在工作人员变动时应及时通知质权人。

（7）质权人有权在《质押合同》担保的债务获得优先清偿后，从剩余的货款中将监管人应收取的监管、仓储等相关费用直接划付给监管人，然后再将剩余的款项退还给出质人。

（三）提货环节的合约条款

质押货物提取环节中出质人、质权人和监管人各方的物流、信息流和资金流的运作一般规定如下：

（1）在合约期间，出质人可根据协议约定，调整或变更（含追加、减少、以货赎货）相关质物；当出质人在监管人的监督下根据《质押合同》的约定调整或变更了相关质物后，出质人和监管人应及时变更《质押物清单》并经有效签章确认后交由质权人签章确认并保留一份正本。在任何时点，经出质人、质权人和监管人三方签章确认的最新《质押物清单》为证明质押物范围的有效凭证。

（2）质物的实际价值超出质权人要求的最低价值的，质权人授权出质人可就超出部分提货或者换货，且无须补充或追加保证金，出质人可直接向监管人申请办理提货或者换货，监管人应当严格按照本合同的约定予以办理，并保证提货或换货后出于监管人占有、监管下的质物价值始终不得低于《质押物清单》要求的质物的最低价值。

（3）质物的实际价值等于或少于质权人要求的最低价值时，出质人应当事先向质权人提出《提货申请书》，并追加或补充保证金（即打款赎款）或者归还部分债务或者增加其他经质权人认可的担保，经质权人同意后凭质权人签发的《提货通知书》，向监管人办理提货。监管人在收到前述文件后，在对该《提货通知书》上的印鉴及签名核对无误后，方能依该《提货通知书》指示及有关仓库管理规定办理相关质物的出库手续。监管人应于提货当日将《提货通知书》回执交存质权人或其指定人员。

（四）质物追加环节的合约条款

质物追加环节中出质人、质权人和监管人各方的物流、信息流和资金流的运作的一般规定如下：

（1）因服装产品市场价格波动以及其他因素导致质押货物价值下降的，质权人有权要求出质人于指定期限内追加质物或者提供其他担保。

（2）在出质人根据质权人的要求进行质物追加，并提交了已填妥盖章的包括追加质物相关信息的新的《质押物清单》后，经质权人核验之后，质权人授权监管人会同出质人共同对追加的质物验货准确无误并入库的当日，由监管人和质权人在《质押物清单》上签章确认后将《质押物清单》交付质权人签章确认，完成质物追加（质押生效）。

（3）在质押生效后，出质人后续存放至监管人同一仓库中的同类货物

(即与《质押物清单》中“质押物种类”相同的货物）也应作为追加的质物质押给质权人由监管人进行监管，相关追加质物的核价、验货等手续应按照本协议相关规定操作并及时更新《质押物清单》。

（五）质权实现与合约终止环节的合约条款

质权实现与合约终止环节中出质人、质权人和监管人各方的物流、信息流和资金流运作的一般规定如下：

（1）若贷款到期（包括提前到期）债务人未能归还贷款本息及相关费用的，质权人有权提取质物，依法拍卖、变卖或以质物折价收场。质权人根据《质押合同》行使质权时，监管人应当给予质权人积极的配合和协助，且无须事先通知或征询出质人的同意。

（2）若《质押合同》所担保的全部债权清偿后，出质人向质权人提交《质押解除申请书》，质权人审核后向监管人出具《质押解除通知书》（含回执），监管人落实质押解除手续后与出质人在回执上盖章确认并交付质权人，质权终止。

在合约中除了以上流程和环节的规定外，还应该包括监管的范围与周期、资金流运作方式、相关费用及其支付方式、信息沟通方式、违约责任以及其他权利和义务等。只有充分考虑业务实际情况，在合约中对以上方面进行详细、准确的规定才能有效地降低合约设计的风险，提高业务运行的效率。

第三节　服装供应链联合契约协调机制的运营风险控制

第二节分析了联合契约协调机制中融资企业的风险评价，为准确描述联合契约协调机制在供应链实际运行过程中可能出现的风险并对其进行有效的控制，本节基于系统工程的思想考虑联合契约协调机制运营过程中的风险控制。

一、准入体系风险控制

协调机制准入体系的风险控制主要包括质押存货的筛选、融资企业的筛选和第三方物流监管体系的筛选三个方面。

首先，选择合适的质押货物非常关键，不仅可以降低银行用于储存保管质押货物的费用，而且可以使银行规避质押货物价值波动、流通变现等风险。

其次，银行必须像进行其他类型商业贷款一样，对联合契约协调机制中的融资企业经济状况、资信水平进行分析以降低风险。但在协调机制运营过程中，融资企业的还款来源是质押存货销售变现产生的现金流，而并非通过投资运作产生的现金流，因此在对融资企业主体进行考核时应着重考察企业的销售水平、企业的运作周期、企业的诚信度以及监控的成本等方面的因素。

最后，联合契约协调机制下的存货质押融资业务模式为银行—第三方物流企业—融资企业的三方模式，因此，对第三方物流企业进行有效的筛选也是准入体系风险控制中的重要一环。

二、合约设计风险控制

贷款合约是约束信贷双方行为的主要工具，也是协调机制顺利运行的法律保障。联合契约协调机制中业务合约设计的好坏直接影响到供应链运行相关业务的风险大小，因此在三方签订的合约中，须根据业务风险的具体来源和评估的大小明确界定各方的行为权限，规定各方的权利和业务，关注关键的风险控制点，并须约定关键风险控制参数（如借方的还款时间、还款方式、设计利率、质押率等），在满足链上融资企业资金需求的同时保证银行的业务风险可控，从而促进服装供应链上物流的顺利运转。

三、执行过程风险控制

在联合契约协调机制的具体执行过程中，同样会出现宏观、行业以及供应链系统的风险，也会出现诸如信用风险、质押品变现风险以及操作风险等非系统风险。对这些执行过程中的风险进行有效控制，需要明确参与各方的权利和责任，并严格按照合约进行运作，对一些业务执行过程中的关键风险点，还必须采取相应的措施来进行控制。

本章小结

本章分析了联合契约协调机制在具体执行过程中可能出现的各项风险：

（1）考虑到融资企业违约是协调机制最大的风险，因此本章将协调机制的信用风险等同于融资企业的信用风险进行处理，建立了基于灰色综合评价的信用风险评价体系，从源头上对协调机制的信用风险进行有效的控制。

（2）进行了联合契约协调机制中契约各参与方之间所签署的业务合约的具体设计，为协调机制的运行提供法律保障，降低供应链运行过程中各参与方的非系统风险。

（3）在合约设计和信用风险评价的基础上分析了联合契约协调机制运营过程中可能出现的风险及其控制要点。

通过本章对协调机制及其风险控制的分析，证明了供应与存货质押联合契约在供应链运行过程中的可操作性和可控制性，能够将其应用于服装供应链运行的具体实践中。

第七章　总结与展望

第一节　全书总结

服装是社会生活的必需消费品，同时也是典型的时尚类消费品。随着社会经济的发展，服装产品市场的发展日趋多样和复杂，对消费者而言，产品的时效性与服装产品的质量和款式同样重要。服装供应链上的企业只有通过彼此之间的协调管理，才能最大限度地降低成本、整合资源，共同实现利润最大化。然而服装供应链上的企业多为中小企业，资金约束制约了企业甚至是整个供应链的有效协调。本书研究面向资金约束服装供应链的供应与存货质押联合契约协调机制，结合国家自然科学基金项目“纺织服装供应链广义快速响应机制、模型及应用策略研究”（项目编号：70772073），以资金约束的服装供应链的协调管理为目标，建立了一种可行的能够同时解决供应链运营和融资问题的契约模型，实现了资金约束的服装供应链的协调管理。本书的研究成果如下。

一、建立了存货质押契约模型

存货质押是近年来金融机构广泛开展的一种新兴的供应链融资业务，

本书从博弈论的视角重新审视和分析了存货质押融资业务中各参与方之间的博弈过程及收益，并在此基础上以资金约束供应链的协调运作为目的采用契约的形式描述各参与方之间的风险和收益关系，建立了存货质押契约模型，为资金约束的供应链提供融资决策的支持，实现对供应链上资金流与物流和信息流之间的协调管理。

二、提出了服装链上中小企业融资方式的选择方法

供应链金融有多种业务方式，针对服装供应链库存积压和资金短缺的特点，本书对链上各个环节出现资金缺口的企业融资方式的选择意愿进行了问卷调查，对统计结果采用结构方程模型进行分析，得出存货质押融资方式是服装供应链上企业最优融资方式的结论，并在此基础上分析了服装供应链的存货质押融资过程。

三、建立了资金约束供应链的供应与存货质押联合契约模型

为在解决资金缺口问题的基础上实现服装供应链系统的协调运作，本书建立了基于供应与存货质押联合契约的协调模型。首先通过存货质押契约从金融机构获取供应链运营所需资金，其次依据回购与数量柔性联合契约实现扩展的服装供应链系统的协调。通过联合契约的应用，实现银行、第三方物流企业与原服装供应链上企业多方共赢的局面，提高了整个供应链系统的绩效，为资金约束的服装供应链系统的协调提供了一种可行的运作方式，具有较强的现实指导意义。

四、构建了基于供应与存货质押联合契约的服装供应链协调机制

本书在分析供应与存货质押联合契约模型在服装供应链管理过程中的应用时，构建了基于联合契约的服装供应链协调机制，分别从链上的物流、资金流和信息流三个方面分析了联合契约机制对资金约束服装供应链协调管理的意义。并以此为基础，针对服装供应链具体运营过程中各个环

节的业务流程设计了相应的合约条款，明确了各参与方的权利和义务，为联合契约的实现提供了合约基础。

在整个协调机制中，服装供应链上融资企业的资信水平是契约缔结的基础，本书在进行联合契约协调机制的信用风险评价时，主要考虑服装供应链上融资企业的资信水平，建立了基于灰色理论的风险评价机制，并以评价指标体系及评价过程为基础从准入体系、合约设计及执行过程三个方面对联合契约的运营风险控制进行了分析。

第二节　研究展望

本书关于面向资金约束的服装供应链的供应与存货质押联合契约协调的研究还是比较初步的工作，还需要针对其在实际应用过程中可能遇到的问题在理论上进一步完善和深化。下一步的研究工作主要包括：

（1）对本书建立的供应与存货质押联合契约协调模型的理论体系进行更为深入的研究，从本质上探讨联合契约模型协调供应链系统的机理和本质，更为完善和具体地描述联合契约模型对资金约束供应链的协调过程，促进联合契约协调机制在服装供应链实际运营过程中的规范实施。

（2）扩展了服装供应链上各类不同信息的集成管理。原服装供应链上企业由于长期的业务往来建立了良好的合作关系，应用本书建立的联合契约模型将银行和第三方物流企业同样作为节点企业引入服装供应链，分担供应链风险并分享供应链利润，但同时也增加了链上企业协同管理的难度。供应契约关注的要点是供应链的运营，信息获取和制定决策的重点均为供应链上物料的流动，而联合契约在此基础上加入了融资决策的内容，更为关注资金流与物流和信息流之间的协调管理，信息的主体除了物流之外加入了资金流以及资金流的改变对物流决策的影响，这部分信息能否准确及时地获取是联合契约能否实现对供应链协调效率的关键。因此，通过新兴的信息技术解决服装供应链上各种不同结构、不同种类的物流与资金流相关信息的获取、集成及决策问题是下一步研究的重点。

（3）联合契约模型在资金约束的服装供应链管理实践中的应用研究。在联合契约协调过程中，银行为供应链运营提供资金支持并对供应链运营全过程的资金流进行管理，第三方物流企业除作为代理人监管链上资金流向外还承担质押存货的仓储、运输等物流管理职能，供应链上各节点企业均有各自不同的职能。本书在建立联合契约模型的过程中仅以供应链系统利润最大化为目标，为简化计算忽略了各类风险成本及企业的个体差异对供应链绩效的影响。因此，在供应链管理实践中需要根据具体问题对联合契约模型进行修正和扩展。

综上所述，应用新兴的信息服务技术建立一个基于联合契约机制的供应链协同管理系统，通过对扩展的服装供应链上各节点企业的协同管理，实现链上物流、信息流、资金流的集成和协同管理，切实优化、改善资金约束的服装供应链上各节点企业和整个供应链系统的绩效是本书及下一步研究的共同目标。

附　录

附录一：服装相关企业对存货质押融资模式选择的调查问卷

存货质押融资业务是供应链金融的一种主要服务方式，也是近年来各银行大力开展的一项主要业务。本次调查问卷研究的主要目的在于了解服装企业对存货质押融资业务选择的影响因素，希望能够帮助中小企业解决融资困难的问题。

本问卷以匿名方式进行，所得数据仅作学术研究之用，十分感谢您对本次调查的支持！

第一部分　公司基本信息

1. 企业的规模：

A. 50 人以下　　B. 50~200 人　　C. 200~500 人

D. 500~1000 人　　E. 1000 人以上

2. 企业的年龄：

A. 1 年以下　　B. 2~3 年　　C. 3~5 年

D. 5~8 年　　E. 8 年以上

3. 企业的分类：

A. 纤维制造商　　B. 面辅料供应商　　C. 服装制造商

D. 服装批发商　　E. 服装零售商

4. 企业接触或使用供应链金融相关服务的年限：

A. 1 年以下　　B. 1~2 年　　C. 2~3 年

D. 3~5 年　　E. 5 年以上

第二部分　存货质押融资方式选择相关影响因素的调查

第一项：企业自身需求

1. 企业生产运作过程中存货占总资产的比重：

A. 很低　B. 较低　C. 一般　D. 较高　E. 很高

2. 企业缺乏固定资产（固定资产占总资产比例小）的程度：

A. 很低　B. 较低　C. 一般　D. 较高　E. 很高

3. 企业成长过程中产生资金缺口的可能性：

A. 很低　B. 较低　C. 一般　D. 较高　E. 很高

4. 传统融资方式（信用授信、担保授信等）下企业的融资能力：

A. 很低　B. 较低　C. 一般　D. 较高　E. 很高

第二项：存货性质

5. 企业存货的性状与品质相统一的程度：

A. 很低　B. 较低　C. 一般　D. 较高　E. 很高

6. 存货具有易保存性特点的程度：

A. 很低　B. 较低　C. 一般　D. 较高　E. 很高

7. 存货市场价格的稳定性程度：

A. 很低　B. 较低　C. 一般　D. 较高　E. 很高

8. 存货可变现性程度（变现的容易程度）：

A. 很低　B. 较低　C. 一般　D. 较高　E. 很高

9. 存货具有的市场竞争力：

A. 很低　　B. 较低　　C. 一般　　D. 较高　　E. 很高

第三项：与核心企业之间的关系

10. 同一供应链上核心企业的综合实力：

A. 很低　　B. 较低　　C. 一般　　D. 较高　　E. 很高

11. 核心企业能提供融资支持的程度：

A. 很低　　B. 较低　　C. 一般　　D. 较高　　E. 很高

12. 能与核心企业信息共享的程度：

A. 很低　　B. 较低　　C. 一般　　D. 较高　　E. 很高

13. 与核心企业合作关系的密切程度：

A. 很低　　B. 较低　　C. 一般　　D. 较高　　E. 很高

第四项：存货质押融资模式的效率

14. 存货质押融资模式对企业的适用性程度：

A. 很低　　B. 较低　　C. 一般　　D. 较高　　E. 很高

15. 存货质押融资模式的可持续性程度：

A. 很低　　B. 较低　　C. 一般　　D. 较高　　E. 很高

16. 存货质押融资模式解决资金缺口问题的程度：

A. 很低　　B. 较低　　C. 一般　　D. 较高　　E. 很高

17. 存货质押融资模式中质押手续的便利性程度：

A. 很低　　B. 较低　　C. 一般　　D. 较高　　E. 很高

第五项：第三方机构的效率

18. 业务开展过程中监管方的监管能力：

A. 很低　　B. 较低　　C. 一般　　D. 较高　　E. 很高

19. 业务开展过程中监管人员的业务素质：

A. 很低　　B. 较低　　C. 一般　　D. 较高　　E. 很高

20. 监管地对公司运营的影响程度：

A. 很低　　B. 较低　　C. 一般　　D. 较高　　E. 很高

21. 第三方机构对存货价值评估的合理程度：

A. 很低　　B. 较低　　C. 一般　　D. 较高　　E. 很高

22. 第三方机构的管理信息化程度：

A. 很低　　B. 较低　　C. 一般　　D. 较高　　E. 很高

第六项：企业的选择意愿

23. 企业对存货质押融资模式的认可程度：

A. 很低　　B. 较低　　C. 一般　　D. 较高　　E. 很高

24. 企业将使用或持续使用该融资模式的程度：

A. 很低　　B. 较低　　C. 一般　　D. 较高　　E. 很高

25. 企业对存货质押融资模式的推荐程度：

A. 很低　　B. 较低　　C. 一般　　D. 较高　　E. 很高

附录二：基于拉格朗日方法的契约参数确定
——Matlab 代码（第三章）

1. 乘子法效用函数程序

```
function f=AL_obj(x)
%N_equ 等式约束个数
%N_inequ 不等式约束个数

global r_al pena N_equ N_inequ; %全局变量
h_equ=0;
h_inequ=0;
[h, g] =constrains (x);
%等式约束部分
for i=1: N_equ
    h_equ=h_equ+h (i)*r_al (i)+ (pena/2) *h(i).^2;
end
%不等式约束部分
for i=1: N_inequ
    h_inequ=h_inequ+(0.5/pena)*(max(0, (r_al(i) + pena*g(i))). ^2-r_al
(i).^2);
end
%拉格朗日增广函数值
f=obj(x)+h_equ+h_inequ;


end
```

2. 判断函数

```
function f= compare (x)

global r_al pena N_equ N_inequ;
h_equ=0;
h_inequ=0;
[h, g] =constrains (x);
%等式部分
for i=1: N_equ
    h_equ=h_equ+h(i).^2;
end
%不等式部分
for i=1: N_inequ
    h_inequ=h_inequ+(max(-g(i), r_al(i + N_equ)/pena)).^2;
end
f=sqrt (h_equ+h_inequ);

end
```

3. 拉格朗日乘子法主程序

```
function [X, FVAL] =AL_main (x_al, r_al, N_equ, N_inequ)
%拉格朗日乘子法
%函数输入:
%   X_al: 初始迭代点
%   r_al: 初始拉格朗日乘子
%   N_equ: 等式约束个数
%   N_inequ: 不等式约束个数
%函数输出:
%   X: 最优函数点
```

```
%  FVAL：最优函数值
global r_al pena N_equ N_inequ；%参数（全局变量）
pena=10；%惩罚系数
c_scale=2；%乘法系数乘数
cta=0.5；%下降标准系数
e_al=0.005；%误差控制范围
max_itera=25；
out_itera=1；%迭代次数

while out_itera<max_itera
    x_al0=x_al；
    r_al0=r_al；
    %判断函数
    compareFlag=compare（x_al0）；
    %无约束的拟牛顿法 BFGS
[X，FVAL] =fminunc（@AL_obj，x_al0）；
    x_al=X；%得到新迭代点
    %判断停止条件
    if compare（x_al）<e_al
        disp（'we get the opt point:'）；
        break
    end
    %c 判断函数下降度
    if compare（x_al）<cta*compareFlag
        pena=pena；%可以根据需要修改惩罚系数变量
    else
        pena=min（1000，c_scale*pena）；%乘法系数最大 1000
        disp（'pena=2*pena'）；
```

```
    end
    %更新拉格朗日乘子
[h, g] =constrains (x_al);
    for i=1: N_equ
        %等式约束部分
        r_al(i)=r_al(i)+pena*h(i);
    end
    for i=1: N_inequ
        %不等式约束部分
        r_al(i+N_equ)=max(0, (r_al(i + N_equ)+pena*g(i)));
    end
    out_itera=out_itera+1;
end

disp ('!!! the iteration over!!!');
disp ('the value of the obj function');
obj (x_al)
disp ('the value of constrains');
compare (x_al)
disp ('the opt point');
    X=x_al;
    FVAL=obj (X);

end
```

附录三：基于自适应遗传算法的联合契约模型仿真——Matlab 代码（第五章）

function ［xv， fv］=AdapGA（fitness， a， b， NP， NG， Pc1， Pc2， Pm1，Pm2，eps）

%fitness：待优化的目标函数

%自变量下界：a

%自变量下界：b

%种群个体数：NP

%最大进化代数：NG

%杂交常数 1：Pc1

%杂交常数 2：Pc2

%变异常数 1：Pm1

%变异常数 2：Pm2

%自变量离散精度：eps

%目标函数取最小值时的自变量值：xm

%目标函数的最小值：fv

L = ceil（log2（（b-a）/eps+1））；%根据离散精度，确定二进制编码需要的码长

x = zeros（NP，L）；

for i=1：NP

x（i，:）= Initial（L）；%种群初始化

```
    fx(i)= fitness (Dec (a, b, x (i,:), L)); %个体适应值
end

for k=1: NG
    sumfx = sum (fx); %所有个体适应值之和
    Px = fx/sumfx; %所有个体适应值的平均值
    PPx = 0;
    PPx(1)= Px(1);

    for i=2: NP %用于轮盘赌策略的概率累加
        PPx(i)= PPx(i-1)+ Px(i);
    end

    for i=1: NP
        sita = rand ( );
        for n=1: NP
            if sita <= PPx(n)
                SelFather = n; %根据轮盘赌策略确定的父亲
                break;
            end
        end

        Selmother = round (rand ( ) * (NP-1)) +1; %随机选择母亲
        posCut = round (rand ( ) * (L-2)) + 1; %随机确定交叉点
        favg = sumfx/NP; %群体平均适应值
        fmax = max (fx); %群体最大适应值
        Fitness_f = fx (SelFather); %交叉的父亲适应值
        Fitness_m = fx (Selmother); %交叉的母亲适应值
```

```
    Fm = max (Fitness_f, Fitness_m); %交叉双方较大的适应值
    if Fm>=favg%自适应交叉概率
        Pc = Pc1* (fmax - Fm) /(fmax - favg);
    else
        Pc = Pc2;
    end
    r1 = rand ( );
    if r1<=Pc %交叉
        nx (i, 1: posCut) = x (SelFather, 1: posCut);
        nx (i, (posCut+1): L) = x (Selmother, (posCut+1): L);
        fmu = fitness (Dec (a, b, nx (i,:), L));
        if fmu>=favg %自适应变异概率
            Pm = Pm1* (fmax - fmu)/(fmax - favg);
        else
            Pm = Pm2;
        end

        r2 = rand ( );
        if r2 <= Pm%变异
            posMut = round (rand ( ) * (L-1) + 1);
            nx (i, posMut) = ~nx (i, posMut);
        end
    else
        nx (i,:) = x (SelFather,:);
    end
end

x = nx;
```

```
    for i=1: NP
        fx(i) = fitness (Dec (a, b, x (i,:), L));
    end
end

fv = -inf;
for i=1: NP
    fitx = fitness (Dec (a, b, x (i,:), L));
    if fitx > fv
        fv = fitx;    %取个体中的最好值作为最终结果
        xv = Dec (a, b, x (i,:), L);
    end
end

function result = Initial (length) %初始化函数
for i=1: length
    r = rand ( );
    result(i) = round(r);
end

function y = Dec (a, b, x, L) %二进制编码转换为十进制编码
base = 2.^ ((L-1): -1: 0);
y = dot (base, x);
y = a + y* (b - a)/(2^L-1);
```

参考文献

[1] Anupindi R., Akella R. Diversification under supply uncertainty [J]. Management Science, 1993, 39 (8): 944-963.

[2] Banerjee A. On "A quantity discount pricing model to increase vendor profits" [J]. Management Science, 1986, 32 (11): 1513-1517.

[3] Barness-Schuster D., Bassok Y. Direct shipping and the dynamic single-depot or multi-retailer inventory system [J]. European Journal of Operational Research, 1997, 101 (3): 509-518.

[4] Bassok Y., Anupindi R., Akella R. Single-period multiproduct inventory models with substitution [J]. Operations Research, 1999, 47 (4): 632-642.

[5] Bellantuono N., Giannoccaro I., Pontrandolfo P., et al. The implications of joint adoption of revenue sharing and advance booking discount programs [J]. International Journal of Production Economics, 2009, 121 (2): 383-394.

[6] Bhattacharjee S., Ramesh R. A multi-period profit maximizing model for retail supply chain management: An integration of demand and supply-side mechanisms [J]. European Journal of Operational Research, 2000, 122 (3): 584-601.

[7] Bruce M., Daly L., Towers N. Lean or agile: A solution for supply chain management in the textiles and clothing industry [J]. International Journal of Operations & Production Management, 2004, 24 (2): 151-170.

[8] Buzacott J. A., Zhang R. Q. Inventory management with asset-based financing [J]. Management Science, 2004, 50 (9): 1274-1292.

[9] Cachon G. P., Lariviere M. A. Supply chain coordination with revenue-sharing contracts: strengths and limitations [J]. Management Science, 2005, 51 (1): 30-44.

[10] Cachon G. P. Supply chain coordination with contracts [J]. Handbook in Operations Research and Management Science: North Holland, Amsterdam, 2003: 229-339.

[11] Cao N., Zhang Z. Structures of textile-apparel supply chain: Concepts and cases [J]. Journal of Donghua University, 2005, 22 (2): 130-134.

[12] Christoph S., Kirstin Z. Hierarchical coordination mechanisms within the supply chain [J]. European Journal of Operational Research, 2004, 153 (1): 687-703.

[13] Clark A. J., Scarf H. Optimal policies for a multi-echelon inventory problem [J]. Management Science, 1960, 6 (4): 475-490.

[14] Corbett C. J., Groote. A supplier's optimal quantity discount policy under asymmetric information [J]. Management Science, 2000, 46 (3): 444-450.

[15] Corbett C. J., Zhou D., Tang C. S. Designing supply contracts: contract type and information asymmetry [J]. Management Science, 2004, 50 (4): 550-559.

[16] Corbett C. J. Stochastic inventory systems in a supply chain with asymmetric information: Cycle stocks, safety stocks, and consignment stock [J]. Operations Research, 2001, 49 (4): 487-500.

[17] Dada M., Hu Q. Financing newsvendor inventory [J]. Operations Research Letters, 2008, 36 (5): 569-573.

[18] Ding Q., Dong L., Kouvelis P. On the integration of production and financial hedging decisions in global markets [J]. Operations Research,

2007, 55 (3): 470–489.

[19] Disney S. M., Towill D. R. The effect of vendor managed inventory (VMI) dynamics on the Bullwhip Effect in supply chains [J]. International Journal of Production Economics, 2003, 85 (2): 199–215.

[20] Dong Y., Cater C. R, Dresner M. E. JIT purchasing and performance: An exploratory analysis of buyer and supplier perspectives [J]. Journal of Operation Management, 2001, 19 (4): 471–483.

[21] Donohue K. L. Efficient supply chain contracts for fashion goods with forecast updating and two production models [J]. Management Science, 2000, 46 (11): 1397–1411.

[22] Eppen G., Iyer A. Backup agreements in fashion buying—The value of upstream flexibility [J]. Management Science, 1997, 43 (11): 1469–1484.

[23] Fisher M., Raman A. Reducing the cost of demand uncertainty through accurate response to early sales [J]. Special Issue on New Directions in Operations Management, 1996, 44 (1): 87–99.

[24] Gan X., Sethi S. P., Yan H. Coordination of supply chains with risk–averse agents [J]. Production and Operations Management, 2004, 13 (2): 135–149.

[25] Giannoccaro I., Pontrandolfo P. Supply chain coordination by revenue sharing contracts [J]. International Journal of Production Economics, 2004, 89 (1): 131–139.

[26] Gilstrap L. C., Gary C. F., Whalley P. J. Acute pyelonephritis in pregn–ancy: An anterospective study [J]. Obstetrics and Gynecology, 1981, 57 (4): 409–413.

[27] Goyal S. K. A joint economic–lot–size model for purcchaser and vendor: A comment [J]. Decision Science, 1988, 19 (1): 236–241.

[28] Gustin D. Emerging trends in supply chain finance [J]. World Trade, 2005, 18 (8): 52–54.

[29] Haward P. M., James P. Demand uncertainty and returns policies [J]. International Economic Review, 1995, 36 (3): 691–714.

[30] Hofmann E. Supply chain finance: Some conceptual insights [J]. In: Janker C., Lasch R., editors. Logistik Management–Innovative Logistikkon–zepte: Wiesbaden, 2005: 203–214.

[31] Iyer A. V., Bergen M. E. Quick response in manufacturer–retailer channels [J]. Management Science, 1997, 43 (4): 559–570.

[32] Kandel E. The right to return [J]. Journal of Law and Economics, 1996, 39 (April): 329–356.

[33] Kerr J. Streamlining the cash flow [J]. Supply Chain Management Review, 2006, 10 (7): 25.

[34] Khouja M. The single–period (news–vendor) problem: Literature review and suggestions for future research [J]. International Journal of Manag–ement Science, 1999, 27 (5): 537–553.

[35] Kincade D. H. Quick response management system for the apparel industry: Definition through technologies [J]. Clothing and Textiles Research, 1995, 13 (4): 245–251.

[36] King R. E. Analysis of apparel production system to support quick response replenishment [J]. National Textile Center Annual Report, 1999: 1–10.

[37] Kohli R., Park H. Coordinating buyer–seller transactions across multiple products [J]. Management Science, 1994, 40 (9): 1145–1150.

[38] Lariviere M. A., Porteus E. L. Selling to the newsvendor: An analysis of price–only contracts [J]. Manufacturing & Service Operations, 2001, 3 (4): 293–305.

[39] Lau A. H. –L, Lau H. –S. Some two–echelon style–goods inventory models with asymmetric market information [J]. European Journal of Operational Research, 2001, 134 (1): 29–42.

[40] Lau H. –S, Lau A. H. –L. Coordinating two suppliers with offsetting

lead time and price performance [J]. Journal of Operation Management, 1994, 11: 327-337.

[41] Lee H. L., Billington C. Material management in decentralized supply chains [J]. Operations Research, 1993, 41 (5): 835-847.

[42] Lee H. L., Rosenblatt M. J. A generalized quantity discount pricing model to increase supplier profits [J]. Management Science, 1986, 32 (9): 1177-1185.

[43] Lodree E., Jang W., Klein C. M. Minimizing respinse time in a twostage supply chain system with variable lead time and stochastic demand [J]. International Journal of Production Research, 2004, 42 (11): 2263-2278.

[44] Lummus R. R., J. R. Defining supply chain management: A historical perspective and practical guidelines [J]. Industrial Management & Data Systems, 1999, 99 (1): 11-17.

[45] Lutze H. S. Promised lead-time contract under asymmetric information [J]. Operations Research, 2008, 56 (4): 898-915.

[46] Mantrala M. K., Raman K. Demand uncertainty and supplier's returns policies for a multi-store style-good retailer [J]. European Journal of Operati-onal Research, 1999, 115 (2): 270-284.

[47] Moinzadeh K. A multi-echelon inventory system with information exchange [J]. Management Science, 2002, 48 (3): 414-426.

[48] Monahan J. P. A quantity discount pricing model to increase vendor profits [J]. Management Science, 1984, 30 (6): 720-726.

[49] Padmanabhan V., Png I. P. L. Manufacturer's returns policies and retail competition [J]. Marketing Science, 1997, 16 (1): 81-94.

[50] Padmanabhan V., Png I. P. L. Reply to "Do returns policies intensify retail competition?" [J]. Marketing Science, 2004, 23 (4): 614-618.

[51] Padmanabhan V., Png I. P. L. Returns policies: An under appreciated

marketing variable [D]. Stanford: Stanford Graduate School of Business, 1993.

[52] Padmanabhan V., Png I. P. L. Returns policies: Make money by making good [J]. Sloan Management Review, 1995, 37 (1): 65-72.

[53] Panos Kouvelis W. Z. The Newsvendor problem and price—Only contract when bankruptcy costs exist [J]. Production and Operations Management, 2011, 20 (6): 921-936.

[54] Pasternack B. A. Optimal pricing and returns policies for perishable commodities [J]. Marketing Science, 1985, 4 (2): 166-176.

[55] Romano P., Vinelli A. Quality management in a supply chain perspective: Strategic and operative choices in a textile-apparel network [J]. International Journal of Operations & Production Management, 2001, 21 (4): 446-460.

[56] Sethi S. P., Yan H., Zhang H. Quantity flexibility contracts: Optimal decision with information updates [J]. Decision Science, 2004, 35 (4): 691-712.

[57] Shauhan S. S, Proth J. M. Analysis of a supply chain partnership with revenue sharing [J]. International Journal of Production Economics, 2005, 97(1): 44-51.

[58] Srinivas M., Patnaik L. M. Adaptive probabilities of crossover and mutation in genetic algorithms [C]. 1994: 656-667.

[59] Taylor T. A. Supply chain coordination under channel rebates with sales effort effects [J]. Management Science, 2002, 48 (8): 992-1007.

[60] Thomas D. J., Hackman S. T. A committed delivery strategy with fixed frequency and quantity [J]. European Journal of Operational Research, 2003, 148: 363-373.

[61] Timme S., Williams-Timme C. The financial-SCM connection [J]. Supply Chain Management Review, 2000, 4 (2): 33-40.

[62] Tsay A. A., Nahmias S., Agrawal N. Modeling supply chain contracts:

A review [M]. Boston, MA: Kluwer Academic Pubilishers, 1998.

[63] Tsay A. A. The quantity flexibility contract and supplier-customer incentives [J]. Management Science, 1999, 45 (10): 1339-1358.

[64] Waller M. J.. The timing of adaptive group responses to nonroutine events [J]. The Academy of Management Journal, 1999, 42 (2): 127-137.

[65] Wang Y., Jiang L., Shen ZJ. Channel performance under consignment contract with revenue sharing [J]. Management Science, 2004, 50 (1): 34-47.

[66] Weng Z. K., Parlar M. Integrating early sales with production decis-ions: Analysis and insights [J]. IIE Transactions, 1999, 31 (11): 1051-1060.

[67] Wu J. Quantity flexibility contracts under Bayesian updating [J]. Computers & Operations Research, 2005, 32: 1267-1288.

[68] Xu Q. Design of Multi-agent supply chain system to support quick response in textile-apparel industry [J]. Journal of Donghua University, 2007, 24 (6): 791-795.

[69] Xu X., Birge J. R. Joint production and financing decisions: Modeling and analysis [D]. Northwestern University: Evanston, 2004.

[70] Zhao W., Wang Y. Coordination of joint pricing-production decisions in a supply chain [J]. IIE Transactions, 2002, 34 (8): 701-715.

[71] Zimmer K. Supply chain coordination with uncertain just-in-time delivery [J]. International Journal of Production Economics, 2002, 77 (1): 1-15.

[72] 北京大学联泰供应链研究与发展中心. 中国供应链现状：理论与实践 [M]. 北京：北京大学出版社，2006.

[73] 毕功兵，何仕华，罗艳，梁樑. 公平偏好下销售回扣契约供应链协调 [J]. 系统工程理论与实践，2013，33 (10)：2505-2511.

[74] 常伟，胡海青，张道宏，陈宝峰. 存货质押融资业务的流动性风

险度量［J］. 预测，2009（6）：71–75.

［75］陈祥锋，朱道立，应雯珺. 资金约束与供应链中的融资和运营综合决策研究［J］. 管理科学学报，2008，11（3）：70–77.

［76］陈祥锋. 供应链金融服务创新论［M］. 上海：复旦大学出版社，2008.

［77］丁利军，夏国平，葛健. 两次生产和订货模式下的供应链契约式协调［J］. 管理科学学报，2004，7（4）：24–32.

［78］范柏乃，朱文斌. 中小企业信用评价指标的理论遴选与实证分析［J］. 科研管理，2003，24（6）：83–88.

［79］顾庆良. 基于信息技术的纺织产业链整合与敏捷体系［J］. 印染，2003，29（B05）：7–14.

［80］关伟，薛锋. 基于灰色聚类法的中小企业信用风险评估研究［J］. 生产力研究，2004（1）：31–37.

［81］郭小云，王淳勇，王圣东. 动态市场环境下基于收益共享契约的供应链协调模型［J］. 系统管理学报，2011，20（4）：433–440.

［82］韩钢，李随成. 动态质押模式下的存货质押融资业务风险控制［J］. 系统工程，2010，30（9）：18–22.

［83］何娟，蒋祥林，王建. 不完全信息下存货质押业务中参与多方博弈行为分析［J］. 华东经济管理，2012，26（12）.

［84］胡跃飞，黄少卿. 供应链金融：背景、创新与概念界定［J］. 金融研究，2009（8）：194–206.

［85］黄爽. 响应型供应链下的数量柔性契约研究［D］. 华中科技大学博士学位论文，2006.

［86］简惠云，王国顺. 考虑提前期和需求信息更新的供应链协调契约研究［J］. 管理学报，2012，9（12）：1842–1847.

［87］李翀，刘思峰，方志耕，白洋. 供应链网络系统的牛鞭效应时滞因素分析与库存控制策略研究［J］. 中国管理科学，2013，21（2）：107–113.

［88］李创，任荣明，王丽萍. 供应链管理模式下纺织服装产品采购库

存模型研究［J］. 科技管理研究，2005（2）：3-6.

［89］李创，任荣明. 纺织服装业供应链管理系统模型研究［J］. 纺织学报，2004（4）：11-14.

［90］李建立，刘丽文. 随机需求下基于价格折扣的两种供应链协调策略［J］. 中国管理科学，2005（3）：7-14.

［91］李娟，徐渝，冯耕中. 存货质押业务中的阶段贷款［J］. 统计与决策，2007（12）：95-98.

［92］李娟，徐渝，冯耕中. 银行职能外包最优决策研究［J］. 统计与决策，2007（7）：110-112.

［93］李丽君，黄小原，庄新田. 双边道德风险条件下供应链的质量控制策略［J］. 管理科学学报，2005，8（1）：42-47.

［94］李丽君，吴晓会，闫伟超. 不对称信息下供应链库存成本控制模型［J］. 东北大学学报（自然科学版），2012，33（6）：909-912.

［95］李丽萍，肖艳玲. 风险厌恶零售商供应链收益共享契约研究［J］. 统计与决策，2011（12）：54-56.

［96］李梅，马建国.中小企业信用评价指标体系的构建［J］. 统计与决策，2005（12）：15-18.

［97］李梦，冯耕中，李毅学，汪寿阳. 存货质押融资业务最优清算策略［J］. 系统工程理论与实践，2010，30（9）：1579-1585.

［98］李鑫，陈安，刘鲁等. 供应链中生产和分销系统的库存结构优化［J］. 北京航空航天大学学报，2001（3）：7-14.

［99］李益强，徐国华，李华. 连锁销售物流模式下基于 QR 策略的配送决策模型［J］. 管理工程学报，2003，17（2）：111-114.

［100］李毅学，冯耕中，徐渝. 价格随机波动下存货质押融资业务质押率研究［J］. 系统工程理论与实践，2007（12）：42-48.

［101］李毅学，冯耕中，张媛媛. 委托监管下存货质押融资的关键风险控制指标［J］. 系统工程理论与实践，2011，31（4）：587-598.

［102］李毅学，何宗平，冯耕中等. 我国存货质押融资业务的发展及

对策［J］. 统计与决策，2007（1）：115-117.

［103］李毅学，徐渝，冯耕中. 标准存货质押融资业务贷款价值比率研究［J］. 运筹与管理，2006，15（6）：78-99.

［104］李毅学，徐渝，冯耕中. 国内外存货质押融资业务演化过程研究［J］. 经济与管理研究，2007（3）：22-26.

［105］李毅学，徐渝，冯耕中. 重随机泊松违约概率下库存商品融资业务贷款价值比率研究［J］. 中国管理科学，2007，15（1）：21-26.

［106］刘斌，刘思峰，陈剑. 一类短生命周期产品供应链的有价格差异联合契约［J］. 管理科学，2006.

［107］柳键，赖明勇，张汉江. 基于趋势需求的供应链订货与定价决策优化［J］. 系统工程，2003，21（5）：48-53.

［108］柳键. 基于时变需求的供应链基本库存水平优化研究［J］. 管理工程学报，2006，20（4）：146-149.

［109］卢亚丽. 随机需求与信息不对称条件下供应链系统价格折扣策略比较分析［J］. 系统管理学报，2010，19（6）：668-675.

［110］鲁其辉，朱道立，林正华. 带有快速反应策略供应链系统的补偿策略研究［J］. 管理科学学报，2004，7（4）：14-23.

［111］马青波. 需求随机时的存货质押融资质押量决策研究［J］. 科学技术与工程，2012，12（9）：2246-2250.

［112］马珊珊. 面向 TPL 企业的存货融资决策问题及其优化方法研究［D］. 天津大学博士学位论文，2008.

［113］马士华，林勇. 供应链管理［M］. 北京：机械工业出版社，2005.

［114］马中华，朱道立. 物流企业在存货质押融资中的决策问题研究［J］. 系统工程学报，2011（3）：346-351.

［115］彭志忠. 基于委托代理理论的物流金融信任机制研究［J］. 中国流通经济，2007（6）：13-15.

［116］苏菊宁，陈菊红.供应链物流合作伙伴选择的多层次灰色评价方

法［J］. 运筹与管理，2006（3）：66-70.

［117］索寒生，金以慧. 非对称信息下供需链企业间的回购策略分析［J］. 计算机集成制造系统，2003，9（9）：745-749.

［118］涂川，冯耕中，高洁. 物流企业参与下的动产质押融资［J］. 预测，2004，23（5）：68-70.

［119］汪建，曹德弼，孙林岩. 快速反应战略的核心问题及发展趋势［J］. 工业工程与管理，2000（6）：22-25.

［120］王文辉，冯耕中，苏潇. 分散决策下存货质押融资业务的信贷合约设计［J］. 复旦学报（自然科学版），2008，47（2）：266-272.

［121］王瑛，孙林岩. 基于合作需求预测的多级库存优化模型［J］. 系统工程理论方法应用，2004（3）：4-15.

［122］王迎军. 供应链管理实用建模方法及数据挖掘［M］. 北京：清华大学出版社，2001.

［123］王颖. 风险厌恶情况下供应链联合契约研究［D］. 西南交通大学博士学位论文，2007.

［124］徐琪，周建亨. 基于 XML 数据共享的纺织服装供应链快速响应系统［J］. 纺织学报，2008，29（2）：114-118.

［125］徐琪. 服装供应链基于 RFID 的仓储配送智能化管理［J］. 纺织学报，2010，31（9）：137-142.

［126］徐琪. 供应链物流金融集成化协同服务创新管理［J］. 中国流通经济，2009（8）：29-32.

［127］徐琪. 价格相关需求下基于回购与价格弹性联合契约的供应链协调［J］. 预测，2011，30（4）：25-29.

［128］徐琪. 一种支持快速响应的服装供应链补货策略［J］. 纺织学报，2009，30（12）：129-134.

［129］徐招玺. 基于存货质押贷款的物流金融服务契约研究［D］. 浙江大学博士学位论文，2008.

［130］杨德礼，郭琼，何勇等. 供应链契约研究进展［J］. 管理学报，

2006，3（1）：117-121.

［131］ 杨根科，吴智铭. 基于动态联盟供应链的敏捷生产规划［J］. 上海交通大学学报，2001，35（2）：309-312.

［132］ 杨文胜，徐滟，李莉. 时间敏感需求下的交货期相关定价策略［J］. 预测，2005（4）：7-14.

［133］ 易雪辉，周宗放. 基于供应链金融的银行贷款价值比研究［J］. 中国管理科学，2012，20（1）：102-108.

［134］ 易雪辉，周宗放. 双重 Stackelberg 博弈的存货质押融资银行信贷决策机制［J］. 系统工程，2011，29（12）：1-6.

［135］ 于萍，徐渝，冯耕中. 存货质押贷款中信贷人与物流企业的合约选择［J］. 金融与经济，2007（10）：25-27.

［136］ 于萍，徐渝，冯耕中. 信贷人存货质押贷款中最优质物甄别合同研究［J］. 运筹与管理，2007，16（4）：89-95.

［137］ 于萍，徐渝. 存货质押三方契约中银行对物流企业的激励［J］. 运筹与管理，2010，19（3）：94-99.

［138］ 于萍. 美国存货融资业务发展的启示［J］. 山东经济战略研究，2006（12）：49-51.

［139］ 张翠华，葛亮，范岩. 基于两层规划理论的供应链协调机制［J］. 东北大学学报（自然科学版），2006，27（10）：1173-1176.

［140］ 张革伕. 服装供应链的广义快速响应策略及其系统研究［D］. 东华大学博士学位论文，2009.

［141］ 张彤，王渊. 服装供应链中的长鞭效应分析［J］. 西安工程科技学院学报，2004，1（4）：25-31.

［142］ 张维迎. 博弈论与信息经济学［M］. 上海：上海人民出版社，2004.

［143］ 张媛媛，吉彩红. 基于质押贷款下的库存管理问题的研究［J］. 数学的实践与认识，2006，36（5）：88-95.

［144］ 赵泉午，熊中楷，杨秀苔. 易逝品两级供应链中的数量折扣问

题研究［J］. 系统工程学报，2005（3）：7-14.

［145］郑长征，刘志学，徐彬彬. 确定需求下 VMI-TPL 分销供应链集成库存策略研究［J］. 中国管理科学，2011，19（4）：76-83.

［146］周建亨，蒋碧云. 面向策略型消费者行为的时尚服装供应链协调策略［J］. 纺织学报，2013，34（10）：158-164.

［147］周建亨，舒陵，徐琪. 基于时尚周期的服装供应链协调策略［J］. 纺织学报，2011，32（1）：135-139.

［148］周威，金以慧. 基于增广 Lagrangian 算法的供应链生产计划协调优化［J］. 清华大学学报，2005，（10）：5-9.

［149］朱文贵，朱道立，徐最. 延迟支付方式下的存货质押融资服务定价模型［J］. 系统工程理论与实践，2007（12）：1-7.